13

『마을』을
구독해주십시오!

『마을』을 21세기 마을의 삶을 상상하고 실행할
"공론의 장"으로 만들어가기 위해
여러분의 구독과 후원이 절실히 필요합니다.
『마을』을 구독하고 후원하는 가장 좋은 방법은
마을학회 일소공도의 회원으로 가입하시는 것입니다.

『마을』 구입

마을학회 줄기회원으로 가입하시면 절판되지 않은
과월호와 신간호를 모두 무료로 우송해 드립니다.
비회원이신 분도 학회를 방문하여 구입하시면
정가의 20%를 할인해 드립니다.
*창간호 PDF파일은 사무국에 메일로 신청하시면 무료로 보내드립니다.

사무국   maeulogy@naver.com
홈페이지   https://maeulogy.kr
계좌   농협 351-0966-6069-13 (예금주 마을학회 일소공도)
온라인서점 알라딘 / 예스24 / 인터파크도서 / 교보문고

마을학회
회원 가입 안내

뿌리회원

가입비 2만 원 이상
혜택   마을학회 월간 웹진 《일소공도》를 보내드립니다.
          『마을』을 할인가로 드립니다.

줄기회원

가입비 가입비 2만 원 이상과 월회비 1만 원 이상
혜택   마을학회 월간 웹진 《일소공도》를 보내드립니다.
          마을학회에서 발간하는 연구자료물을 무료로 보내드립니다.
          과월호와 신간호 『마을』을 무료로 보내드립니다.(절판호 제외)
          마을학회가 연 2회 개최하는 강학회 참가비를 할인해드립니다.

후원회원

후원금을 기부하여
마을학회 일소공도의 활동을 지지하실 수 있습니다.
후원금액에 따른 다양한 혜택을 드립니다.

회원가입 신청 안내와 신청서 다운로드 https://maeulogy.kr

차례

열며

007 다시 우리 사이의 연결을 생각한다 | 금창영

틔임 다문화사회, 농촌

017 나와 다르다고 생각하는 사람들을 인정認定하는 두 가지 형식
     : 권리와 연대 | 김정섭
027 가까이 하기엔 너무 멀었던 지척의 이웃, 이주민 | 정은정
044 우리의 이웃, 이주민 | 유요열
055 함께라서 힘이 되는: 전라북도 내 결혼이주여성 자조모임 | 진명숙
073 공존과 공영의 다문화교육 | 김선애
082 내가 만난 농촌의 다문화가족 아이들 | 이성희
093 인터뷰: 지역사회 구성원으로서 주체적인 활동을 꿈꿔요 |
     옥천군 결혼이주여성협의회

스밈 농촌으로부터

105 상주의료복지사회적협동조합 설립기 | 김하동
112 진심을 연결하는 청년들 | 사회적협동조합 녹원
124 밭에서 벗과 연결되기 | 배기현
132 농農을 위한 영농형 태양광의 길 | 김형수

벼림	**농민·농업·농촌 연속좌담 12**
141	이미 이민사회로 진입한 농촌, 어떤 변화가 필요한가? | 금창영, 김선애, 김정섭, 유요열, 정민철

작품소개	**투안 마미의 〈베트남 이민 정원〉**
156	우리는 함께 뿌리내릴 수 있을까? — 예술이 이주와 이주민을 생각하는 방법 | 이하영

서평	**책 너머 삶을 읽다**
164	시골은 그런 곳이 아니다 | 금창영 양미 지음, 『너무나 정치적인 시골살이』(동녘, 2024)

173	저자들
176	마을 총목차

열며 | 다시 우리 사이의 연결을 생각한다

금창영
본지편집위원장

감자를 심었다

얼추 20여 년이 되어가니 꽤나 오래전 일이다. 시간은 많이 흘렀지만, 어쩐 일인지 기억은 생생하다. 별 생각은 없었다. 그냥 다들 땅이 녹으니 감자를 심길래 나도 감자를 심었다. 당연히 감자만이 아니다. 잘 알지도 못하면서 완두콩을 심고 강낭콩을 심었다. 별로 좋아하지도 않는 토란도 심었다. 수확물은 시중 가격보다 비싸게 팔았다. 근거도 없이.

그때 농산물은 나에게 돈을 벌어주는 도구였다. 경험도 일천하고, 기술이라 말할 노하우도 없었지만 내가 일한 대가라 생각했다. 이런 생각은 한동안 이어졌다.

특별한 변수가 없다면 감자를 돌보는 시간과 수확량은 비례한다. 그러니 작물을 돌볼 때면 본능적으로 '내가 널 이렇게 살뜰하게 돌보고 있으니, 넌 풍성한 수확으로 보답하거라!'는 생각이 들었다. 그렇게 모든 작물과 계약을 맺었다. 감자는 물론이고 배추, 벼, 당근, 고추 들과 말이다. 문득 상대가 동의하지 않은 일방적인 계약이라는 생각도 들었지만, 감자는 의사를 표현할 수 없으니 어쩔 수 없다. '책임경영'이 시작된 것이다.

거기서 생각이 더 진행되지 않았으면 좋았을텐데, 농사가 작물과 함께 있는 시간만큼 사색하는 것이기도 하다 보니 문득 '내가 감자를 이렇게 도구로 이용해도 되는 걸까?'라는 질문이 떠올랐다.

당시의 화두는 '생명의 무게'였다. 답은 이미 나와 있었다. '모든 생명의 무게는 같다.'

하지만 정답을 수긍하는 것과 진심으로 동의하는 것은 다른 영역이다. 어찌 감자와 나의 무게가 같을 수 있단 말인가? 물론 지금은 모든 생명의 무게가 같다는 것을 진심으로 동의한다. 감자는 내가 심고, 가꾸고 있지만 나에게 소속된 존재는 아니다. 자신의 의지대로 싹을 틔우고, 잎을 올리고, 호흡하고, 결실을 맺는다. 형태와 방식이 달라도 자신의 일생을 힘써 살아내고, 다음 세대를 준비하는 것은 나와 다르지 않다는 것을 어느덧 알게 되면서부터이다. 그러니 감자 역시 나와 같이 살아 숨쉬는 존귀한 존재다.

6월 중순의 어느 날이었다. 마침 저녁 찬거리가 없었다. 서둘러 감자밭으로 갔다. 아직 충분히 여물지는 않았지만, 밭 입구에 있는 몇 뿌리를 캐서 돌아왔다. 감자와 김치로 소박한 저녁이 마련되었다. 아이들은 그 감자를 설탕에 찍어 먹었고, 어른들은 소금에 찍어 먹었다. 생각보다 풍요로웠다. 빈센트 반 고흐가 그린 〈감자먹는 사람들〉에서 느껴지는 어둡고 궁핍한 이미지가 아니었다. 그리고 알게 되었다. 감자는 자신의 모든 것으로 이 소박한 식탁을 장식했다는 것을. 그러니 참으로 고맙고 고마운 존재이다. 더불어 그 고마움을 감자에게 보답하는 것도 알게 되었다. 건강하고 튼실한 감자를 잘 갈무리해두었다가 다시 밭에 심는 것이다. 그렇게 감자와 나의 인연이 만들어지고, 연결된 존재가 되었다.

농촌의 다문화

이번 『마을』의 기획 주제는 '다문화사회, 농촌'이다. 고백하자면 편집위원회에서 주제가 확정되고 난 이후에도 한동안 어떤 식으로 구성해야 할지에 대해 갈피를 잡지 못했다.

농촌에 살면서 이주민은 낯선 존재가 아니다. 결혼이주여성들은 지금도 같은 마을에 살고 있고, 어느날 방문한 양돈농가의 노동자는 대부분 이주노동자였다. 특히 2024년에는 계절노동자라는 이름으로 20여 명의 라오스인이 마을회관에서 숙식을 했다. 그렇지만 직접 접촉할 일은 별로 없었다. 종종 논밭에서 일할 때나 면소재지 마트에서 마주치기는 했지만 별 느낌은 없었다. 그저 낯선 외모만 뇌리를 스치는 정도였다. 가끔 언론을 통해 접하는 인권침해에 관한 내용이나 붉은색 바탕에 흰 글씨로 쓰인 '외국인 노동자의 임금을 제한하자'는 플랫카드는 속상함과 답답함으로 기억된다. 하지만 거기까지다.

우리 사회에 이주민이 많이 늘었다는 통계는 존재하지만, 그들과 일상적으로 관계 맺는 이들은 소수일 것이다. 농촌도 별반 다르지 않다. 다만 대한민국이 농민을 대하는 방식과 우리가 이주민을 대하는 방식이 겹쳐 보인다는 사실은 꽤나 불편했다. 같은 시대와 공간을 사는 사람으로서 우리 사회가 농업과 농촌을 바라보는 관점에 문제가 있다는 생각은 오래되었다. 문득 '마음에 남을 저버리지 않는다면 얼굴에 부끄러운 빛이 없다'[1]라는 명구名句가 기억난다.

의도가 아름답다고 과정과 결과가 모두 아름답지는 않다. 처음에 고민을 털어놨던 전문가는 도시에서 이주노동자 인권운동을 오래도록 한 이였다. 의미 있고 꼭 필요한 기획이지만 쉽지 않을 것이라는 이야

---

1 『명심보감』, 「존심편」.

기를 들었다. 같은 이주노동자 인권문제라도 부천이나 구로, 대방이 다르고, 그것을 글로 쓸 수 있는 이들도 거의 없다는 이야기는 이후 진행 과정에서 기억해야 할 현실이었다.

트임의 전체 글을 관통하는 총론은 김정섭이 맡아주었다. 나는 연결이라 말하지만 그는 인정이라 말한다. 그에게 인정이란 상호관계가 성립되는 최소한의 조건이다.

농업 분야 이주노동자에 대한 장시간 노동, 임금체불, 기본권 침해에 대한 문제제기는 이전부터 있었고, 끊이지 않았다. 하지만 진정한 문제는 이런 일이 다시 드러나는 것이 전혀 이상하지 않다는 것을 우리 모두가 알고 있다는 것이고, 이것을 해결하는 것이 현재는 개별 농장주의 상식을 믿을 수밖에 없다는 현실이다. 이런 현실을 바꾸기 위해 그가 제안하는 인정과 연대를 나는 '접촉면의 확장'으로 읽었다. 그리고 떠오른 말이 있다. 바로 '의사소통 수단 중에서 언어의 비율은 7퍼센트에 불과하다는 것이다. 55퍼센트는 몸짓이고, 38퍼센트는 목소리 톤이다.'

정은정은 농업·농촌의 관점에서 이주민을 다루었다. 결혼이주부터 계절노동자까지 제도의 흐름과 현 상황, 문제의식을 일목요연하고 명쾌하게 정리했다.

그에 비하면 유요열의 글은 담담하다. 이주민과의 인연에서 시작한 이야기는 필요에 의해 이주민센터와 노동자상담소, 지역아동센터로 이어진다. 그가 20여 년간 이주민센터를 이어온 원동력은 무엇일까? 사실 특별한 것은 아닐 것이다. 하지만 누군가는 해야 할 일이라는 생각을 가지고 실천하는 사람들은 많지 않고, 그것을 이어가는 이는 더 드물다. 글을 읽으면서 '우리는 노동력이 왔다고 생각했는데, 사람이

왔다'는 말이 눈에 들어왔다. 사람은 일하는 기계가 아니라 삶을 영위하고, 기억하는 존재라는 뜻이리라.

진명숙은 몇몇 지역의 결혼이주여성 자조모임을 살펴본 글을 보내왔다. 이들 모임은 결혼이주여성들의 사회참여의 출발점이자 적응과 정착의 여정을 보여주는 지표이다. 다문화사회의 이상은 모든 존재를 특별하지 않은 존재로 인식하는 것이다. 하지만 우리는 엄연히 다른 존재이다. 경험과 배경이 다르다. 이를 극복하고 연결하기 위한 노력이 필요하다.

트임의 글들을 준비하면서 나름 신경 쓴 부분은 '농촌에서 이주민이나 이주배경 아이들과 함께하는 노력들은 어떤 것이 있을까?'였다. 결론부터 말하자면 그런 사례는 많지 않았다. 그러니 금산의 필리아가든은 귀한 사례이다. 더불어 시골의 작은 초등학교에서 겪는 이주배경 아이들과의 삶을 이야기하는 김선애의 글은 큰 의미가 있다. 언제 누가 이런 글로 지면을 채울 수 있겠는가?

트임의 마지막 글은 옥천에서 결혼이주여성협회를 이끌고 있는 부티탄화와 미야코와의 인터뷰로 꾸몄다. 그들이 처음 조직을 만들면서 생각했던 '그냥 밥먹는 모임이 아니었으면 좋겠다'는 취지에 맞게 지역사회의 문제를 해결하고, 개선책을 제안하면서 변화를 가져오는 모습이 놀랍다.

트임에서부터 벼림까지 일관적으로 가져가려 했던 생각은 '다문화를 넘어 이주민의 시대는 이주민들의 한국화가 아니라 서로 다른 배경의 주민들이 어떻게 한국이라는 나라 안에서 조화롭게 살 것인가를 말해야 한다'는 것이었다. 비록 지금의 구성과 수준이 이러한 생각에 충분히 부응하지 못하더라도, 우리 사회에서 농촌을 근거로 다양한 영역에서 이주민의 이야기를 다루는 시도가 없었음을 생각한다면 이러한 시도만으로도 자기 역할을 했다고 자부한다.

스밈의 글들은 지금까지 그래왔던 것처럼 다양한 측면에서 농촌의 모습을 확인할 수 있는 글들로 구성했다. 김하동은 상주의료복지사회적협동조합을 만드는 과정에서 겪은 생생한 경험을 전해주었고, 김형수는 농촌에서 바라보는 영농형 태양광에 대해 놓치면 안 되는 것들까지 꼼꼼하게 정리해주었다. 녹원과 벗밭의 글은 로컬이 상품화되고, 또 다른 수익을 위한 수단으로 이용되는 시대에 도농연대를 다시 생각하는 기회를 줄 것이다.

이번 『마을』에서 편집자로서 행복한 순간은 전시작품을 소개한 이하영의 글을 살펴보는 시간이었다. '예술이 차별, 소외, 외면당하는 존재들의 편에 서고, 문제를 해결할 수는 없어도 지금 우리에게 필요한 질문을 던지는 모습'을 이 글에서 확인 가능하다.

그의 나이 40이었다

2024년 12월 말 즈음에 감동적인 사건이 있었다. 긴긴 동짓날 밤을 길거리에서 연대의 꿈길을 걸은 '남태령 대첩'이다. 이틀간의 전 과정이 하나하나 모두 소중하지만 나이 칠순인 하원호 전국농민회총연맹(이하 전농) 의장이 인터뷰에서 한 이야기가 기억에 남는다. "어제 농민들이 전부 다 '살다 살다 이렇게 많은 시민들이 호응해줄 줄은 몰랐다', '이 빚을 어떻게 갚아야 할지 모르겠다'고 울면서 돌아갔습니다. 1년 중 제일 긴 겨울밤에 달려와주신 분들 모두 고맙고 감사합니다. 덕분에 외롭지 않았고 감동했습니다. 지금도 눈물이 나려고 하네요. 달리 무슨 말을 할 수가 없네요."

그는 눈물을 이야기했다. 늙은 농부와 눈물은 어울리지 않는 조합이다. 그러니 이성과 논리의 영역이 아니라 감정과 본능의 영역에서 일

어난 반응이라 하겠다. 더불어 기억나는 한 장면은 앞쪽에 있는 트랙터에 걸쳐진 '전봉준투쟁단'이라는 문구와 곁에 그려진 전봉준의 모습이었다.

전봉준은 우리 모두가 알고 있듯이 130여 년 전 전국적으로 일어났던 동학농민전쟁의 지도자이다. 그는 1894년 12월 30일 순창군 쌍치면 피노리에서 체포되었다. 이미 그의 소재를 알리는 이에게 현상금 1,000냥과 군수직이 걸려 있었다. 결국 같은 꿈을 꾸던 동료의 밀고로 체포되는 과정에서 무릎뼈가 부서졌다거나 아킬레스건이 잘렸다는 이야기가 전한다. 어떤 이유로든 걸을 수 없는 상태였기 때문에 사진에 찍힌 전봉준은 들것에 앉아 있으며, 상투나 갓을 갖추고 있지 못하다.

전봉준은 심문 과정에서 자신은 특별히 고부군수 조병갑에게 수탈당한 것이 없다고 말한다. 그 이유는 아침에는 밥, 저녁에는 죽을 먹었으니 특별히 빼앗길 것이 없었다는 것이다. 그러함에도 본인이 주도자가 된 이유는 그나마 글을 읽을 수 있어 주변 사람들이 본인의 집으로 몰려와 자신을 추대했기 때문이라고 했다. 어떤 이유로 시작했는지와 상관없이 그는 이미 자신의 죽음을 알고 있었을 것이다. 그와 함께 했던 수많은 농민들은 왜 목숨을 걸고 그와 함께했을까? 그들은 죽음이 두렵지 않았을까? 아닐 것이다. 죽음보다도 더 간절히 새로운 세상을 꿈꾸었을 것이다. 지금 이대로는 살 수 없다는 생각을 했을 것이다.

그런 사실을 기억하기 위해 전농은 37대의 트랙터로 조직된 집단을 '전봉준투쟁단'이라 이름지었을까 싶다. 아. 이름이 갖는 무게는 어찌 이리도 무거울 수 있단 말인가?

죽음을 각오하고 실행에 나선 당시 전봉준의 나이 40이었다. 새파랗게 젊은 그가 짊어졌을 세상의 무게는 현재를 사는 우리에게 어떤 미래를 이야기하고 있을까?

트임

다문화사회,
농촌

나와 다르다고 생각하는 사람들을 인정認定하는 두 가지 형식:
권리와 연대 | 김정섭

가까이 하기엔 너무 멀었던 지척의 이웃, 이주민 | 정은정

우리의 이웃, 이주민 | 유요열

함께라서 힘이 되는: 전라북도 내 결혼이주여성 자조모임 | 진명숙

공존과 공영의 다문화교육 | 김선애

내가 만난 농촌의 다문화가족 아이들 | 이성희

인터뷰: 지역사회 구성원으로서 주체적인 활동을 꿈꿔요 |
옥천군 결혼이주여성협의회

나와 다르다고 생각하는 사람들을 인정認定하는 두 가지 형식: 권리와 연대

김정섭
한국농촌경제연구원
선임연구위원

인정에 관하여

유난히 더웠던 2018년 여름 '택배기사, 건설노동자, 청소노동자, 집배원, 에어컨 수리기사 등 더위 속에 수고하는 분들을 투명인간 취급하지 말자'는 신문 사설이 여럿 나왔다. 그 무렵 나도 '존재감이 한 푼도 없어서 인정자 명단에 이름도 못 올리는 농민'의 문제를 신문에 기고한 적이 있다.[1] 그런데 농민 외에도 좀처럼 '인정認定, recognition되지 않는 사람들'이 농촌에 많다. 그중 농업이주노동자와 다문화가족의 인정 문제를 살펴본다.

 인정이라는 말은 가끔 부정적인 의미로 가볍게 쓰이기도 한다. 해마다 여기 조금 저기 조금 성형수술을 하거나 SNS에 자기 자랑을 시도 때도 없이 써 올리는 사람을 두고, '인정 욕구'가 지나친 것 아니냐고 흉을 보기도 한다. 그런데 '인정'은 그렇게 간단히 쓰이고 끝날 수 없는 심각하고 묵직한 말이다.

 미리 밝혀두자면, 이 글에서 나는 '인정'이라는 말을 '네 마음의 진

---

[1] 〈농민을 '투명인간' 취급하는 사회〉, 《한국농어민신문》, 2018년 8월 7일.

정성만큼은 인정해줄게'라는 식으로 개인의 내면에서 일어나는 느낌이나 앎의 차원에 국한해 사용하는 것이 아니다. "한 그릇의 밥과 한 그릇의 국, 이것을 먹으면 살고 얻지 못하면 죽을지라도 욕설을 퍼부으며 주는 음식은 길 가는 사람 누구도 받지 않고, 발로 차서 준다면 거지라도 달갑게 여기지 않는다"라는 맹자孟子의 말에서 보듯, 인정이란 어떤 형식을 통해 겉으로 표현되는 태도나 행위이다. 더 나아가 개인이나 집단의 태도와 행위를 규율하는 제도나 규범으로 확장된다.

고도로 분업화된 현대 사회에서 개인들은 일상을 함께하지는 않으나 직간접적으로 연결된 수많은 타인을 도구적으로만 인식하기 쉽다. 인간 생존에 가장 중요한 먹거리를 생산하는 농민도 대도시 소비자들에게는 사회라는 거대한 기계의 저쪽, 나와는 다른 부분에 속한 부품일 뿐이다. 농사짓는 부모를 둔 사람이 아니라면, 선생의 가르침을 스펀지처럼 흡수하는 순수한 아이가 아니라면, 사람들은 대부분 농민을 고마운 존재로 인정하지 않는다. 이처럼 "타인을 느낌 없고 생명 없는 대상처럼 마치 '물건'이나 '상품'처럼 취급"[2]하게 된 것을 물화物化, reification라고 한다.

물화는 너무나 일반적이어서 도덕적 차원에서 다루기는 어렵다. 가령, 농산물이 나오기까지 흘린 농민의 땀과 수고를 헤아리지 않고 오직 가성비를 따지려 드는 소비자가 얄미울지언정 부도덕하다고 비난하기는 어렵다. 그렇지만 "모든 인간의 공동생활은 주체들 간에 일종의 기초적인 상호긍정을 전제한다는 점을 잊지 말아야 한다. 왜냐하면 그렇지 않을 때에는 어떠한 식의 '함께 존재함'도 성립할 수 없기 때문이다."[3] 그런 기초적인 상호긍정, 즉 인정은 인간관계가 성립하는 최저

---

[2] 악셀 호네트, 『물화 : 인정이론적 탐구』, 강병호 옮김, 나남출판, 2006, 22쪽.

선이다. 인정 없이는 사회가 잘 유지될 수 없다. 누군가의 지위가 낮거나 가난하거나 경제적·문화적 배경이나 외모가 다르다고 해서 투명인간으로 또는 물건으로 취급하는 태도가 당연시된다면, 그 사회의 미래는 암울하다.

인정관계로 직조된 사회라는 직물이 찢기지 않게 하려면 경제, 법제, 교육, 일상생활 등 사회의 여러 차원에 '권리'와 '연대'라는 가치를 물들이고 그것이 정상적인 규범이 되게 해야 한다. "모든 인간 주체가 어떤 권리이든 그것의 담지자로 인정될 수 있는 것은 그가 공동체 구성원으로 사회적 인정을 받을 때"[4]이며, "사회적 연대는 개성화된 그리고 자율적인 주체들 사이에 대등한 가치 부여를 가능하게 하는 사회적 관계의 전제"[5]이다.

이를 거꾸로 말할 수도 있다. 누군가가 타인과 동등하게 권리를 누리지 못한다면, 그것은 사회의 인정관계가 파괴되었음을 보여주는 징후다. 우리와 다르다는 이유로 저들과 단절하고 저들의 고유한 무엇을 배척하며 존중하지 않는다면, 그것은 통합되지 않은 사회라는 증거다.

그러나 농촌에 사는 농업이주노동자와 가족구성원(주로 부인 또는 엄마)이 외국인인 다문화가족이 동등한 권리를 누리지 못하거나 지역사회, 학교 혹은 일터에서 고립되는 현실은 엄연하다.

---

3 악셀 호네트, 『인정투쟁 : 사회적 갈등의 도덕적 형식론』, 문성훈·이현재 옮김, 사월의책, 2011, 98쪽.
4 악셀 호네트, 위의 책, 213쪽.
5 악셀 호네트, 위의 책, 248쪽.

농업이주노동자의 인정 : 권리

우리나라에 들어와 농업노동에 종사하는 외국인의 수는 정확하게 추정하기 어렵다. 합법적 체류를 허락받은 이들은 '고용허가제', '계절노동자제' 등의 제도를 통해 상용 및 임시 노동자의 종사상 지위를 얻어 농업에 종사하는 이들이다. 해마다 그 수에 변동이 있지만 고용허가제를 통해 들어온 농업노동자가 약 2~3만 명, 계절노동자제를 통해 들어온 농업노동자가 1만 명 내외다. 통계를 내기 어려운 미등록 체류 상태의 농업노동자는 약 4만 명 이상일 것으로 추정된다. 적어도 8만 명 이상의 외국인이 국내에 머물며 농업생산 활동에 종사하는 셈이다.[6] 농업노동 시간으로 환산할 경우, 한국 전체의 연간 농업노동 중 15퍼센트 이상이 가족노동력이 아닌 고용노동력이나 일손돕기, 품앗이 등으로 이루어지는데 그중 1/3 이상이 외국인 노동자의 몫이라는 추정도 있다.[7] 결코 적지 않은 수다.

농업이주노동자의 수와 관계없이 이들에 대한 사회적 인정 문제는 아주 심각하다. 장시간 노동, 임금체불, 부당한 근로계약, 근로기준법이나 건강보험 같은 법·제도상의 차별, 주거나 안전과 관련된 기본권의 심각한 침해 등 이들의 인권 및 노동권 침해 사례가 수없이 많아 열거하기가 힘들 정도다. 그런 문제들에 대한 세밀한 해법을 논의하는

---

[6] 이 같은 추정은 '외국인 근로자를 고용하는 농가의 50% 이상이 미등록외국인 노동자를 고용한 경험이 있다'는 조사 결과에 바탕을 둔 것이다. 엄진영, 「한국의 농업 부문 외국인 근로자 활용 정책 방안」, 『세계농업』, 2022년 7월호(한국농촌경제연구원)를 참고.

[7] 김정섭, 「분화된 농업 노동시장, 분화된 대응 방안」, 『농촌인력 부족, 어떻게 해결할 것인가?』(국회토론자료집, 2021)를 참고.

[8] 그 실태를 밝힌 자료로는 국가인권위원회에서 발간한 몇몇 조사보고서와 단행본 우춘희, 『깻잎 투쟁기』(교양인, 2022)를 참고할 만하다.

것은 이 글의 범위를 벗어난다.[8] 그렇지만 농업이주노동자의 사회적 인정 문제와 관련하여, 잘못된 논점을 짚어볼 필요는 있다.

농업이주노동자의 권익을 보호해야 한다는 주장을 제기하면, 가장 먼저 나오는 것은 한국 농업의 조건 때문에 저임금이나 장시간 노동을 용인할 수밖에 없다는 반론이다. 수십 년 이어진 이촌탈농離村脫農의 결과로 농사지을 노동력이 너무 부족한데 농업경영체의 여건은 녹록지 않아 충분한 임금을 제공할 수 없는 상태에서 외국인 농업이주노동자의 근로조건을 향상시킬 수가 없다는 논리다. 이 논리를 저급하게 구체화하면, '주로 동남아시아 국가에서 오는 이주노동자는 한국의 최저임금보다 적은 임금을 받아도 고국에서는 큰돈이 되지 않느냐'는 식의 주장으로 이어진다. 그 연장선상에서 장시간 노동도 정당화되고, 비닐하우스를 숙소로 제공하고 월 수십만 원의 기숙사비를 월급에서 공제하는 관행도 합리화된다. 외국인 농업이주노동자를 한국인 노동자와 동등한 권리 주체로 인정해야 한다는 시각이 처음부터 삭제되어 있다. 요약하자면, 경제적으로 형편이 어려우면 외국인에 한해서 차별해도 괜찮다는 논리 아닌가?

일단, 다른 사례를 상정하여 이 문제를 따져보자. 업종에 따라 최저임금을 달리하자는 주장이 최근 몇 년 동안 꾸준히 제기된다. 예컨대, 농업 부문의 수익성이 타 부문에 비해 낮으니 최저임금을 제조업 부문보다 낮게 정하자는 것이다. 농업경영체에 고용된 이주노동자와 제조업체에 고용된 이주노동자의 최저임금이 달라진다고 하면, 한국인 노동자 사이에서도 차별이 가능해지는 건데, 이를 정당화할 수 있는가? 그렇게 다르게 하면 그것이 '최저'임금인가? '국민기초생활 보장법'은 생활이 어려운 사람의 최저생활을 보장하고 자활을 돕자고 만든 법으로, 이 법에 근거하여 최저생활 보장 차원에서 극빈층에게 생계급여

등이 제공된다. 그런데 농촌의 어느 시장이나 군수가 우리 시군은 재정이 넉넉하지 않으니 생계급여를 서울시 수준의 70퍼센트만 지급한다고 하면, 받아들일 수 있는가?

농업경영체의 여건이 어려운 것은 사실이다. 그러나 그것이 노동권과 관련된 차별이나 기본권 침해가 일어나는 것을 정당화하는 논리를 뒷받침하지는 않는다. 어떤 종류의 권리는 모든 이에게 동일하게 보장되어야 한다. 모든 구성원에게 동등한 권리를 보장하지 않는 현대 법치주의 국가를 상상하기는 힘들다. 우리가 공동체의 다른 구성원을 나와 똑같은 '권리의 담지자'로 인정하지 않는다면, 그 공동체는 유지되기 힘들다. 오늘 너의 권리는 인정되지 않고 나의 권리는 인정될지라도, 내일이면 나의 권리 역시 부정될 수 있기 때문이다. 이 같은 '권리 인정관계'의 요점은 '내가 하기 싫은 일을 남에게 하게 해서는 안 된다[己所不欲 勿施於人]'라는 논어論語의 말씀과도 상통한다. 그런데도 '농업 부문의 어려운 상황 때문에 외국인 이주노동자를 차별할 수밖에 없다'고 주장한다면, 나로서는 더 이상 할 말이 없다.

이상과 같은 논급은 여러 가지 세부적인 사항을 생략한 채 가장 높은 수준의 전제만을 논의한 것이다. 외국인 농업이주노동자의 권리 인정을 전제한 후에야 법제나 정책을 개선해서 농업이주노동자들이 '불법체류자'로 내몰리는 것을 막거나 농업 부문의 고용노동력 수급 안정

---

9 이와 관련해 검토해야 할 이슈가 쌓여 있다. 그것들을 논의하는 것은 이 글의 범위를 확실히 초과하지만, 향후의 논의를 위해 몇 가지 열거하자면 다음과 같다. '고용허가제가 아닌 노동허가제로 정책의 틀을 크게 바꾸는 문제', '농업을 근로시간 제한 규정 적용 예외로 둔 근로기준법 제63조 개정 문제', '노동력 수요의 계절 진폭을 고려한 외국인 농업이주노동자의 파견근로 허용 문제(파견근로자 보호 등에 관한 법률 시행령 개정 문제)', '고용노동력에 의존하는 비율이 점차 높아지는 한국의 영농 양식 mode of farming을 전환하는 근본적·장기적 전략 수립이나 대안적 농업시스템 형성의 문제' 등이다.

화 과제를 합리적으로 논의할 수 있기 때문이다.⁹ 그동안의 논의는 '외국인 농업노동자를 고용한 농업경영주는 악덕 사용자'라는 식의 성급한 비판이나 감정 섞인 반론에 휘말리거나, 농업이주노동자의 권리 인정 요구를 외면해도 괜찮았기 때문에 치열한 정책 논의로 진입하지 못한 측면이 있다.

다문화가족의 인정: 연대

외국인 농업이주노동자에게 시급한 인정의 차원이 권리라면, 다문화가족에게 시급한 인정의 차원은 연대連帶이다. 사람들의 생김새, 쓰는 말, 사는 곳, 재산, 학력 등이 제각기 달라도 '사람이라는 것은 같기' 때문에 동등하게 대우함으로써 사회 구성원으로서 인정하는 것이 권리의 논리라면, 다른 사람의 '다름' 자체를 존중하며 사회적 관계를 이어감으로써 서로를 사회 구성원으로 인정하는 것이 연대의 논리다. 연대는 협동과는 조금 다른 말맛을 지닌다. 같거나 비슷한 사람들끼리 모이고 뭉치는 것을 두고 굳이 '연대'라는 말을 쓰지는 않는다. 서로 다르다는 이유로 분리되어 있던 사람들이 그 차이에도 불구하고 연결되어 하나의 끈으로 묶이는 것 또는 묶는 것을 '연대'라고 한다. 과거 1980년대 대학가에서 쓰던 '노학연대勞學連帶'라는 말을 떠올리면 쉽게 이해할 수 있다.

연대하려는 사람에게는 모종의 용기가 필요하다. 내가 접촉하고 소통하며 관계 맺으려 하는 상대방이 낯설고 불편하며 잘 알지 못하는 대상, 즉 타자他者이기 때문이다. 한국 사회에서 외국인은 쉽게 '타자'로, 무언가 두렵거나 대하기 어려운 사람으로 간주된다. 물론 텔레비

전 등의 대중매체를 통해 수십 년 동안 접한 흰 피부의 색목인은 예외다. 낯설지 않기 때문이다. 한눈에 보아도 관광 삼아 한국에 온 것이 분명한 외국인도 예외다. '관광객'이라는 이미지를 매개로 많은 것을 안다고 믿기 때문이다.

잠시 머물다 갈 것이 아니어서 지역사회에서 가끔 마주치는, 이웃 동네에 사는 듯한 '저 외국인 여자'를 어떻게 생각하고 대해야 할까? 실은 굳이 그런 생각을 할 필요가 없다고 생각하게 된다. 내가 그들과 일이나 생활을 함께하는 것이 아니므로. 바로 이 지점에서 연대가 사라진다. 마주칠 일도 별로 없고, 어쩌다가 만나더라도 데면데면한 태도로 넘어가면 그뿐이다. 그런 식으로 내게 잘 모르는 타자로 계속 남아 있는 게 편한 사람들이다. 그런 식으로 연대가 사라진 사회에서는 점차 그들을 우리와는 무언가 다른 부류로 규정하기 시작하고, 그 차이점을 내세워 명칭을 붙여가며 그들과 우리 사이에 경계선을 명확히 긋는 일이 일어난다. 이것이 차별의 시작이고, 권리 부정의 사태로 확장되기도 한다.

나는 오래전부터 '다문화가족'이라는 용어 자체가 그 같은 분리를 조장하는 것 아니냐는 의심을 했다. '다문화multi-culture'라는 말 자체는 '차이가 있는 다양한 문화를 존중하자'는 취지로 쓰기 시작한 것임을 잘 안다. 그렇지만 온갖 공익재단, 장학재단, 지방자치단체 등이 엄마가 외국 출신인 아이들만 콕 집어서 '다문화가족'이라는 말을 써가며 서울 구경을 시켜준다든가 장학금을 전달하는 따위의 행태가 반복되면서 '다문화'라는 말은 원래의 취의取義를 잃고 차별적 용어로 유통되고 있지 않은가?

초등학교 5학년쯤 되는 아이들이 모여서 수군거린다. "있잖아. 김○○, 쟤 다문화래." 내가 부끄러워해야 할 일인지는 모르겠지만, 부끄럽게도 내가 일하는 연구원에서는 『이주배경 청년의 농업 진입 방안』이라는 제목의 연구보고서를 곧 출간할 예정이다. 어머니가 외국인인 농촌가구의 자녀가 농업을 직업으로 택하면 좋겠다는 바람을 전제한 것이 분명한 제목이다. 그렇게 특정 집단을 '콕 집어서' 언급하며 연구할 때에는 정당한 이유가 있어야 하는데, 나는 그 이유를 못 찾겠다. 가령, '농고 농대 졸업생의 농업 진입 방안'이라는 제목의 연구가 있다면 그건 수긍할 수 있다. 그러나 '이주배경 청년'을 콕 집어서 농업 진입을 논의하는 연구의 제목은 불쾌하다.

나는 여기서 단순히 '정치적 올바름political correctness'을 강변하려는 게 아니다. 타자와의 연대에는 섬세한 접근이 필요하다는 점을 강조하려는 것이다. 하는 수 없이 쓰고 있지만, 이 글에서 '다문화가족'이라는 말로 지칭하는 이웃들은 그저 이웃일 따름이다. 시골에서는 오랫동안 알고 지낸 사이가 아니라 갑자기 이사 온 귀농인이나 귀촌인과 쉽게 어울리지 못하는 경우가 흔한데, 외국에서 온 사람들과는 어울리지 못하는 게 아니라 어울리려고조차 하지 않는 듯한 느낌이 든다. 이런 부분은 세월이 지나면 어느 정도 해소될지 모른다는 생각을 하면서도 누군가 의식적으로 노력하지 않는다면 그렇게 되지 않을 수도 있겠다는 생각도 한다.

흔히 쓰는 표현으로 '대상화한다'는 말이 있다. 농촌을 몇 번 들락거린 교수나 박사가 시골 사람들의 속내나 형편을 잘 모르면서 '농촌은 혹은 농민은 이러저러한 특징이 있다'는 식으로 헛소리를 늘어놓을 때, 그 말을 들은 농촌 주민 중에 누군가가 기분이 나빠져서 '우리를 대상화하지 말라'고 말할 때 쓰는, 그런 의미의 말이다. 농촌에 거주하는 어떤 가족들에 대해 '다문화가족' 운운하면서 너무도 쉽게 단정하는 태도, 즉 대상화하는 태도가 '연대'를 불가능하게 만든다.

충분히 자주 접한 건 아니지만, 내가 보기에는 일상생활 중 많은 시간을 함께 보내는 가까운 곳의 사람들에게서는 그런 '대상화의 태도'가 드러나지 않는다. 지역사회에서 아이들을 날마다 몇 시간씩 돌보는 지역아동센터의 선생님들, 초등학교 교사들, 결혼이주여성과 함께 농작업을 하는 여성 농민들 사이에서는 그런 대상화하는 태도를 발견하기 어렵다. 이것이 시사하는 바는 무엇인가? 머릿속으로 그 사람들을 개념화한 다음에 무슨 지원 프로그램을 기획하느니 어쩌느니 하는 것보다 먼저 일상의 접촉면을 확장하려는 노력이 더 근본적인 것 아닐까?

결론을 대신하여

농업이주노동자나 다문화가족에 관한 논의는 조심스러울 수밖에 없다. 그리고 속 시원한 결말을 기대하기도 어려운 주제다. 그렇지만 지금 농촌에는 전례 없이 많은 외국인과 그 자녀들이 일하며 살고 있다. 때로는 그들의 권리를 모른 체하기 때문에, 또 때로는 그들과 연결되고 가까이 지내려는 연대의 마음과 몸짓이 부족해서 비극적인 사건이 일어나기도 한다.

거론되는 문제들을 해결할 방안은 그리 간단히 나올 것 같지 않다. 경제적 구조, 법과 제도, 사람들의 인식이나 태도 등 여러 층위에서 변화가 있어야 하기 때문이다. 그래도 확실한 것은, 누구에게나 동등해야 할 권리를 보장하고 낯선 사람에게 손 내미는 연대의 실천이 그 모든 변화의 밑바탕을 이룰 것이라는 점이다.

가까이 하기엔
너무 멀었던 지척의 이웃,
이주민

정은정
농촌사회학자

마석 시절을 떠올리며

1980년대 초에 고향을 등진 부모님은 수도권 일대 이곳저곳을 전전하였다. 경기도 남양주시 화도읍 마석에도 살았었다. 마석모란공원과 마석가구공단으로 알려진 바로 그곳이다. 처음 마석에 갔을 때의 느낌은 내가 동남아시아에 이민을 온 듯한 느낌이었다. 당시 마석가구공단은 동남아시아 이주노동자들이 가장 많이 모인 곳이었다. 아버지는 근거 없이 '얼굴 시꺼먼 것들'의 해코지를 걱정하며 일찍 다니라는 지청구를 늘어놓았다. 그렇게 걱정이 되면 이렇게 외진 곳으로 오지 말았어야 하거늘, 외환금융위기의 여파를 벗어나지 못한 때였고 시설하우스 임차농의 형편도 있어 어쩔 수 없기도 했다.

본래 마석가구공단 지역은 한센인 정착촌이었다. 1961년 한센인에 대한 강제격리 정책이 해제되면서 소록도의 한센인들 일부가 마석으로 흘러들어왔다. 당시 성공회 교회의 지원으로 닭과 돼지를 기르며 정착한 것이다. 시간이 흘러 1세대 한센인들이 세상을 떠나거나 그들의 자녀들이 여기저기 흩어진 뒤 1980년대에 가구공단이 들어섰다. 부동산 붐과 더불어 가구 수요는 늘어났지만 거친 목재와 화학약품을 다뤄야 했기 때문에 이주노동자들이 들어와 가구제조업의 일자리를 채웠다.

한국에 이주노동자들이 유입되기 시작한 시기는 대략 1980년대 말, 어업과 일부 돌봄노동 영역에서부터다. 이후 1991년 산업연수생제도가 실시되면서 본격적인 노동이주가 시작되었다. 여기에 1992년 한중 수교가 이루어지면서 중국 동포[1]들이 대거 이주한다. 고려인과 사할린 동포들도 유입되었으나 '조선족'이라 부르던 중국 동포들이 다수였다. 정식 수교 이전에도 우리집 밭에는 '중국 할머니'들이 밭일을 하러 왔다. 채소나 토마토를 나누면 "고맙소"라는 특유의 북방 말투가 인상적이었는데 이들은 주중에는 식당이나 공장에서 일하고 주말에 가욋일로 밭일도 하는 것이었다. 또 한 축으로 '조선족 이모'들은 맞벌이 가정의 돌봄 공백을 메웠다.

1987년부터 1989년까지 여행증명서를 중국 동포에게도 발급한 적이 있었고 이때 비자 없이 3개월간 한국에 체류할 수 있었다. 하지만 이들이 중국으로 돌아가지 않고 미등록 잔류를 하면서 1992년부터 중국 동포의 출입 주무부처가 외무부에서 법무부로 바뀌는 계기가 되었다. 이는 이주민들에 대한 단속 업무가 강화된다는 뜻이다. 정부는 한국인들이 기피하는 노동 분야에 이주노동자를 채우는 단기 인력 수급의 차원에서 이주노동자 문제를 다루었다. 미등록외국인에 대한 단속도 뚜렷한 원칙 없이 때때로 국가의 영嶺이 살아 있다는 것을 보여주기 위한 퍼포먼스에 가까울 때가 많았다.

---

[1] 보통 '조선족'으로도 칭하던 중국 동포는 '한국계 중국인'이 정식 용어이나 이 글에서는 두 용어를 함께 쓴다.

다문화사회 – 결혼이주로 본 한국

노동이주와 더불어 결혼이주는 재생산이 멈춘 농어촌의 급격한 멸실을 막았다. 초반에는 중국의 결혼이주여성 비율이 가장 높았다. 말이 통하고 문화적 접점이 많은 '조선족' 신부들을 선호했는데, 2세들의 외양이 티가 나지 않기 때문이라는 이유가 가장 컸다. 하지만 중국이 경제부국으로 변모하면서 중국 여성의 결혼이주는 현저히 줄어들었다. 뒤이어 필리핀에서 결혼이주여성들이 유입되었다가 지금은 베트남 여성의 결혼이주 비율이 가장 높아 베트남을 '사돈의 나라'라고 칭할 정도다. 이외에도 태국, 캄보디아, 우즈베키스탄 등으로 이주권역이 넓어졌다.

2024년 11월 7일 통계청이 발표한 '2023 다문화 인구동태 통계'[2]를 보면 다문화 혼인은 2만 431건으로, 전체 혼인의 10.6퍼센트다. 10쌍 중 1쌍이 다문화 혼인이며 한국인 남편과 외국인 아내로 구성된 비율이 70퍼센트다. 전체 혼인이 전년도에 비해 1퍼센트 증가했는데 다문화 혼인은 17.2퍼센트가 늘었다. 만혼인 45세 이상 남성들의 다문화 혼인 건수가 더 많았고 재혼인 그 비율이 더 높다. 다문화가정 출생아는 1만 2,150명으로 전체 출생아의 5.3퍼센트를 차지한다.

보통 인구 비율 중에 이주자들의 비율이 5퍼센트가 넘어서면 다문화사회로 정의한다. 2024년 9월 기준으로 체류 외국인 중 등록외국인은 268만 9,317명, 전체 인구의 5퍼센트가 넘어 한국은 명실상부한 다

---

[2] 다문화 인구란 〈다문화가족지원법〉의 정의에 따라 결혼이민자 및 귀화·인지에 의한 한국 국적 취득자로 이루어진 가족구성원을 의미한다. 반면 '다문화'라는 말이 현재 한국 사회에서 본래의 의미를 벗어나 한국에서 차별과 배제의 언어로 오염된 측면이 있어 쟁점이 있으나 이 글에서는 다문화라는 말을 쓰기로 한다.

문화사회다. '불법체류자'라 부르는 미등록체류외국인도 42만 명에 육박하여 300만 명이 넘는 이주민들이 지금, 여기에 살고 있다. 홍성군 인구가 9만 명 남짓이니 대략 어느 정도의 이주민들이 살고 있는지 가늠해볼 수 있겠다.

다만 농촌에서의 다문화 혼인은 근래 현저히 줄어드는 추세다. 혼인 적령기의 비혼 남성이 드물어 다문화 혼인도 도시권으로 몰린다. 그럼에도 농어촌 학교의 재학생 중에서 다문화 2세 학생들의 비율은 도시권에 비해 높다. 농촌의 학령인구 중에서 다문화가정의 자녀들 비율이 높기 때문이다. 2024년 8월 교육기초통계를 보면 이주배경의 학생 수는 19만 3,814명으로 전체 학생의 3.8퍼센트를 차지한다. 이는 전년 대비 0.3퍼센트 상승한 추세다. 전체 학생 수는 줄었어도 이주배경의 학생은 늘어난 것이다. 이주배경 학생들이 특정 지역에 집중되어 있어, 같은 시기에 학교를 다니는 학생들이라 하더라도 이주배경의 친구들을 만나는 경험이 없을 수도 있지만 농어촌 학생들은 이주배경 친구들을 더 많이 만나기도 한다.

여성가족부는 3년 주기로 〈국민다문화수용성조사〉를 한다. 성인 다문화 수용성 지수는 100점 만점에 2012년 51.17점에서 2015년 53.95점으로 증가했다가 2018년 52.81점, 2021년 52.27점으로 점차 줄어들고 있다. 이주민은 늘어나는데 오히려 반감은 늘고 있다는 말이다. 그나마 청소년들의 다문화 수용성 지수는 71.39점으로 성인보다 훨씬 높다. 형식적이라 하더라도 교육과정에서 다문화 관련 수업이 이루어지기 때문이다. 특히 농어촌 청소년들의 다문화 수용성 점수가 더 높은 편인데, 이는 학교와 일상에서 이주배경 또래들을 자연스럽게 만나기 때문이다. 다문화 관련한 수업과 캠페인이 무슨 소용이 있을까 싶어도 교육의 힘은 여전히 세다. 그럼에도 수용성 지수가 상승세가 아니라 하향세라는 점은 우려스럽다. '세계시민교육'의 차원에서 이주에 대한 이해와 수용성을 높이는 교육이 다양한 방식으로 이루어져야 한다.

선주민의 이주민 배제와 차별도 우려스럽지만 특정 국가의 이주배경을 지닌 커뮤니티가 집단 내에서 압도적 다수인 경우도 문제다. 일례로 베트남 커뮤니티가 강한 곳에 그 외의 국가에서 온 이주민들은 소수자가 되어버리는 현상이 뚜렷하다. 이주민 밀집지역의 경우 한국에서 태어나고 자란 다문화가정 2세들보다 어머니를 따라 중도입국한 청소년들의 적응이 더 어렵다. 낯빛은 달라도 한국에서 태어나 한국 언어와 문화에 익숙한 다문화가정 2세와 중도입국 청소년들의 처지는 확연히 다르기 때문이다. 하여 학교 내에 다양한 이주배경을 가진 2세들 간의 화합과 협력의 방안을 마련해야 한다는 것이 이주인권운동가들의 우려와 평가다.

기피 노동 1순위 농업, 계절근로자제로 숨통이 트일까

다양한 이주배경이 있지만 현재 국내 거주 이주민 가운데에는 노동이주가 가장 많다. '등록외국인 자격별 현황'을 보면 비전문취업이 가장 많고 유학, 결혼이민의 순이다. 하지만 유학생들도 일정 시간 노동을 할 수 있으니 노동이주의 성격이 덧대어져 있다. 전체 등록외국인의 55퍼센트 이상이 수도권에 살고 있으며, 인구 대비 기준으로 볼 때 경기도 안산시, 전남 영암군, 충북 음성군 순으로 외국인 비율이 높다. 농업지대와 산업단지가 같이 있는 지역에는 농업뿐만 아니라 영세 제조업 분야에서 일하는 노동자들도 많다. 상시적인 인력이 필요한 축산업이나 사철 수확을 하는 원예작물 농가에서는 고용허가제를 통해 들어온 이주노동자들이 있으나 상시 고용이 현실적으로 어려운 경우가 더 많아 '계절근로자제'가 도입되었다. 단기취업비자를 주어 적법하게 일하도록 제도를 실행 중이지만 공식 허가를 받은 노동자를 사용하는 비율은 매우 낮다. 여전히 인력사무소를 통해 소개받는 형태가 많다. 농업 분야의 이주노동은 등록외국인과 미등록외국인이 뒤섞이거나 아예 미등록 상태의 노동자들로만 구성되기도 한다. 무, 배추, 양파, 마늘 같은 고된 노지 작업은 이주노동자들로만 구성된 전문 작업단이 전국을 돌며 농작업을 대행한다.

계절 이주노동은 2015년 처음 도입되어 당시 1,000명 정도의 쿼터였다. 쿼터는 정부가 이입 인원을 제한한다는 것이다. 농업인력 부족이 매우 심각했지만 정부는 단순 노무자인 이주노동자들의 유입을 꺼렸다. 하여 처음 계절근로자제를 실시할 때에는 인원이 적어 실효성이 미미하였다. 조급한 농촌 지자체가 나서서 계절노동자 쿼터를 늘려달라고 매달리는 형국이 되었다. 2024년에는 131개 지자체가 신청해 계절노동자 쿼터 경쟁을 벌였고, 배정 인원이 4만 9,286명이었지만 이마저도 충분하지 않았다.

현재 고용허가제로 들어오는 농어업 쿼터가 1만 6,000명을 상회하는 수준이니 계절근로자제가 고용허가제를 넘어서는 보편적인 농업 이주노동 형태로 자리잡았다고 볼 수 있다. 코로나19 이전인 2019년에는 한 농어가당 4-5명 정도의 계절노동자를 배정했으나 지금은 농어가당 9명에서 12명 정도를 배정할 정도로 인원이 늘었다. 본래 3개월에서 5개월까지였던 체류기간도 최장 8개월까지 머물 수 있도록 제도가 바뀌었다. 그러나 바쁠 때 며칠, 혹은 반나절만 인력이 필요한 경우도 많아 작업장 변경이나 이동을 전제하지 않는다면 중소농가에는 실효성이 없다는 지적이다.

6개월 이상 근무를 조건으로 하는 고용허가제의 가장 큰 쟁점은 사업장 변경의 횟수를 제한하는 것이다. 사업장에 문제가 발생해도 사업장 이동을 제한하는 것은 인권침해의 대표적인 사례다. 반면 계절노동의 경우에는 농작물을 심고 수확하는 시기에만 일손이 바짝 필요하다. 사용자인 농가 입장에서는 아무리 한시적인 계절노동자라 하더라도 작업이 많지 않을 때 비용만 지불하는 셈이라며 불만이 많다. 하여 일손이 필요한 다른 농가에 인력을 '빌려주는 일'을 허가해달라는 요청이 많다. 알음알음 인력을 빌려오는 경우가 있지만 농가 간 묘한 갈등이 표출되기도 한다. 본래 고용된 농장에서 지급하던 새참이나 처우보다 더 잘 해줘서는 안 된다는 암묵적인 약속이 있고, 심지어 영암군의 경우 농민회가 나서서 이주노동자들의 일당을 '11만 원 이상 주지 말자'는 현수막까지 붙여 많은 비난을 받았다.

농어업 이주노동자들의 인력 수급은 기본적으로 MOU(업무협약체결) 방식이다. 장기근로를 전제로 하는 고용허가제의 경우 법무부가 쿼터를 지정하고 국가 간 MOU를 맺는다. 반면 계절근로자제는 지자체가 MOU의 주체다. 농어촌 지자체의 행정 대응능력이 미진하다 보니 공공이 브로커에게 의지하기도 한다.

2021년 강원도 양구군과 우즈베키스탄 나망간시가 업무체결을 맺어 계절노동자 193명이 들어왔다. 지자체 간 업무협약인 줄 알았으나 사실상 브로커에게 일을 맡긴 상황이었고 76명이 이탈하는 사태가 터지며 논란이 일었다. 관리 책임이 있는 지자체가 '외국인노동자'들을 놓쳐버리면 관리 소홀로 그다음 인력 쿼터 배치에 영향을 받는다. 그러다 보니 지자체마다 이탈률 관리에 신경을 곤두세운다. 이는 이주노동자를 사람으로 보기보다 언젠가는 뒤통수를 치고 도망갈 공산이 큰 검속의 대상으로 보고, 실제로 정부는 종종 추노꾼 노릇에 앞장서기도 한다. 농작업장에 단속이 떠서 미등록 이주노동자들이 대거 잡혀가는 경우가 생길 때마다 누가 신고했는지를 두고 소문이 무성해진다. 경쟁 인력업체가 했을 수도 있고, 등록외국인 집단이 자신들의 임금을 높이기 위해 신고했을 수도 있고, 농가에 불만을 품은 타 농가라는 소문도 떠돈다. 이주노동자들의 취약한 지위가 농촌사회의 갈등을 더욱 깊게 만드는 상황이 생기는 것이다.

농업노동만큼이나 공백이 큰 분야가 돌봄노동이다. 중장년 여성의 싸구려 노동이란 인식이 강한 돌봄노동을 누가 메울 것인지에 대한 대안으로 서울시는 필리핀 가사관리사 100명을 입국시켰다. 근본적인 문제로 돌봄노동을 싸구려 취급하는 문제와 특정 젠더에 수렴되는 문제, 이주노동자에 대한 부당한 처우 문제 등이 쏟아져 나왔다. 그런데 '필리핀 이모'들 중 2명이 이탈하는 사건이 있었다. 이를 두고 사람들은 불순한 목적으로 입국한 것 아니냐는 외국인 혐오[3]와 의심을 거두지 않았다. 농촌의 경우에는 도시보다 돌봄 공백이 더 심각한 상황이고 귀화한 이주민 여성들이 이를 감당하고 있는 상황이라 여러모로 시사점을 던져준다.

인터넷이 발달하고 고국의 동료들과 활발한 소통이 가능해지면서 실제로 종종 작업장 이탈이 이루어지기도 한다. 농어업 노동보다는 제조업으로의 이동을 원하는 이주노동자들이 많기 때문이다. 하지만 냉정하게 따지자면 제조업과 농어업 분야의 체류자격 차등이 엄존한다. 학력이나 기술, 한국어능력시험TOPIK 점수에 따라 취득할 수 있는 비자의 종류가 촘촘하게 나뉘어 있기 때문이다.

---

[3] 여기에서 외국인 혐오는 인종차별주의적 요소가 있다. 특히 백인을 제외한 외국인들, 그중에서도 동남아시아, 중국, 유색인종에 대한 배제다. 이를 'GNP인종주의'라고도 하는데, 기본적으로 한국보다 소득이 낮은 나라의 사람들에 대한 편견과 혐오를 포함한다.

농어업 노동의 경우 등급화되어 있는 사증(비자) 체계에서 진입장벽이 가장 낮다. 제조업 이상의 직업군에 종사할 수 있다는 것은 학력이 받쳐준다는 뜻이다. 이는 본국에서 상대적으로 가정형편이 나은 축이며 어학 습득 및 여권을 발급받고, 인력송출업체에 수수료를 지불하고 들어온다는 뜻이다. 실제로 제조업 분야에서는 고등학교 졸업은 물론 대졸자 이상의 고학력 이주노동자들을 쉽게 찾아볼 수 있는 반면, 농업 부문의 이주여성 노동자들의 경우 고졸 이하의 학력 비율이 높다. 인종, 성, 학력에 따른 차별을 받아서는 안 된다는 것은 선언적 의미일 뿐 농업은 말단의 노동이자 기피 노동이라는 것도 차가운 진실이다.

결혼이주여성들의 신원보증 역할을 보는 시선

계절근로노동자들의 이탈을 방지하기 위한 가장 확실한 보증수표로 떠오른 것이 결혼이주여성들의 4촌 이내 최대 20명까지 친척들이 들어와 일할 수 있게 하는 것이다. 딸이나 조카의 초청을 받아 그네들이 사는 동네에 와서 일정 기간 일을 하고 본국으로 돌아가는 식이다. 이전에는 관광비자를 활용했는데, 이제 정식 비자를 받아 농작업을 할 수 있게 되었다. 실제로 동네에 '똘똘한 외국인 며느리' 하나 있으면 농작업 인력 부족에 숨통이 트여 은근 기대를 하기도 한다. 아예 전문적으로 외국인인력사무소를 경영하는 이주민들이 등장하고 작업반장 정도는 한국인이 아닌 이주노동자들이 맡기도 한다.

결혼이주여성들을 통한 계절근로자 이입이 이탈률 관리에 용이하다는 것을 인지한 정부는 2024년 2월부터 유학생의 부모까지 초청 대상을 확대했다.

이에 대해 반여성주의적이며 반인권적인 행태라는 비판의 목소리도 높다. 한국에서 자리 잡고 살아가야 하는 이주민들의 절실함을 볼모로 삼는 것이기도 하기 때문이다. 하지만 이주의 가장 큰 목적은 경제적인 이유이며 이주를 선택한 여성들의 욕구와 자기 선택의 관점에서도 들여다볼 수 있어야 한다. 부모 자식이 만날 수 있으며 경제에 보탬이 될 수 있는 기회이기도 하다. 이전부터 농번기마다 관광비자로 들어와 딸이 사는 농촌에서 일하고 본국으로 돌아가는 사례가 많았으며 이를 아예 제도화한 측면이 있다. 노동권과 인권 보장의 측면에서 이주노동 문제를 살펴보아야 하지만 이주민들의 이주 목적과 욕구를 중심으로 사안을 들여다보는 균형감도 필요하다. 물론 경제적 목적이 우선이라 하더라도 기본권 보장은 타협할 수 없는 영역이다. 그러나 피해자 서사를 중심으로 한 현재의 이주노동운동의 담론은 농업과 농촌을 배제하는 측면이 상존한다. 끝단으로 몰려 있는 농업 문제의 개선 없이는 농업이주노동의 산적한 문제의 실마리를 찾기에도 난망하다. 농업을 말려버리면 차라리 문제도 일어나지 않을 수 있다. 그러나 농업은 먹거리 생산이라는 본원적 기능 때문에라도 시장논리에만 맡길 수도 없다. 돈이 안 되고 세금을 쓴다 해서 쳐내버릴 수 없는 산업으로 국가 입장에서도 농업은 필수 산업이다. 열악한 숙소, 임금체불 등 농업이주노동자에게 농민들이 행한 악행의 기록을 오로지 농민들만 써 내려간 것인가.

이주의 지정학적 맥락을 연구한 헤인 데 하스(2024)의 연구에 따르면, 이주 패턴은 저소득 국가가 아닌 중소득 국가들에서 주로 이루어지며 비교적 가까운 지역으로 이루어진다. 베트남이나 태국, 필리핀은 저소득 국가가 아닌 중소득 국가다. 동남아시아의 이주노동자들은 비교적 가까운 거리의 한국과 일본, 홍콩과 대만으로 이동한다. 그리고 이주의 주 목적은 돈을 벌기 위해서이다.

서유럽의 선진국이나 한국과 일본처럼 농수축산업에서 노동수요가 발생하면 이 분야로 노동력이 이주한다. 이는 이입국에서 노동력이 필요하기 때문에 적극적으로 이주민을 받아들이는 것이다. 아쉬운 나라가 먼저 이주 인력을 받기 위해 법과 제도를 고치는 것이지, 이주민들이 문을 두드리는 것이 아니다.

한국은 농수축산업뿐만 아니라 건설제조업, 운송과 서비스산업 전반에서 이주노동을 필요로 한다. 근래에는 택배 분류나 돌봄 영역 전반에 이주노동 쿼터를 배정해달라 요구하고 있다. 이주노동자들은 본국의 자녀들에게 교육 기회를 제공하고 가족의 생활을 개선하며 다시 고향으로 돌아가 자립의 기반을 잡기 위해 이주한다. 마치 한국에 눌러앉아 한국의 부를 낚아채러 들어왔다는 침입자 서사는 이주민 추방과 외국인 혐오의 근거를 제공할 뿐이다.

그렇다면 미등록외국인들은 왜 양산되는가? 이는 이주를 위해 들인 투자금을 회수하지 못하기 때문이다. 하여 과도한 이주 비용을 낮추고 안전한 상태에서 노동할 수 있도록 여건을 만드는 것이 최선이며 이는 이입국 정부가 결단해야 하는 일이기도 하다. 이주 및 체류 조건을 내거는 것은 다름 아닌 정부이기 때문이다.[4] 미등록이주노동자들이 추방될 때 가장 분노하는 이들은 농민이다. 제발 농번기만이라도 단속하지 말아달라 호소하는 이들도 농민이다. 이주노동자들이 떠난 그 자리를 메울 합법적 한국인은 없기 때문이다.

---

4 지역특화형비자제도를 참고하라.

송출국에서 이입국으로의 전환

국가 전체로 보자면 산업기반이 취약하고 가용자원이 부족한 나라가 선택할 수 있는 경제정책은 인력송출이다. 한국이 1963년부터 독일로 광부와 간호사를, 1970년대에는 중동에 건설노동자를 송출한 것처럼 말이다. 베트남전쟁 파병도 경제적 지원을 전제로 한 파병이자 인력송출의 성격도 갖는다. 송출국이었던 한국은 1980년대 말부터 이입국으로 전환되었으며 그 속도가 가팔랐다. 경제발전의 속도만큼 이주민의 이입 속도가 빨랐다. 어업과 축산 분야에는 고용허가제에 따른 소수업종 특화국가 지정제도가 있다. 어업비자인 E-9-4의 대표적인 특화국가가 인도네시아다. 해양사고에서 유독 인도네시아 국적의 선원이 많은 이유다. 작물재배업 특화국가로는 캄보디아, 베트남, 태국, 미얀마, 네팔, 중국이 있다. 한국으로의 이주역사가 가장 긴 중국은[5] 본국의 경제성장에 힘입어 본국으로 귀향하거나 임금이나 노동조건이 나은 제조업으로 이동하면서 농업노동자 수는 현저히 줄었다.

이주와 관련한 빤한 스토리가 바로 송출국이었던 한국의 경험이다. 가난했던 한국이 외국에서 죽도록 고생해 지금의 부를 이루었다는 기본 서사다. 송출국 경험이 있으니 잘해주자는 인정에 호소하는 서사도 마찬가지다. 인권과 노동권에 대한 의식이 지금과는 현격히 차이가 나

---

[5] 한국으로의 이주민 역사는 화교의 역사에서 시작되었다. 1882년(고종19) 임오군란 당시 군대를 따라 40명의 중국 상인이 입국하면서 시작되었다. 1950년 6·25전쟁이 발발하며 대거 이주, 고향으로 돌아가지 못하고 난민으로 남았다가 남과 북, 대만과 중국의 대치가 장기화되면서 대만 국적을 취득했다. 이후 중국 동포들의 유입과 노동 및 결혼이주로 2023년 기준 한국계 중국인이 24만 2,032명, 중국인 20만 5,502명으로 비중이 가장 높다. 하지만 해마다 '조선족'이라 부르던 한국계 중국인들은 줄어들었다. 현재 체류 중국인은 20만 명 수준에서 크게 늘어나지도 줄어들지도 않는 특성을 보인다. 중국 경제가 발전하면서 한국은 중국인들에게 매력적인 이입국이 아니라는 의미로 읽을 수 있다.

던 5, 60년 전의 시대와 지금을 비교하는 명백한 퇴행이다. 이주민들이 가장 먼저 유입된 농촌에서 주민들을 대상으로 이주민 인권교육을 시도조차 하지 않았던 것이 지금의 결과를 만들고 있다.

그러나 향후 한국의 농업노동을 감당하고(?) 농촌의 공동화를 메울 이들이 누구인지 냉정하게 따져봐야 한다. 농촌학교의 폐교를 누가 막을 것이며 읍내 슈퍼마켓의 소비자는 누구인지, 택시라도 타고 주말 외출을 나가는 이들이 누구인지를 말이다. 농업의 궁한 사정이야 중언할 필요는 없겠으나 그렇다고 농촌의 삶이 일거에 소멸되는 것은 더욱 아니다. 농업농촌의 빠른 임종을 기다리는 것이 아니라면 지금 함께 살고 있는 이주민들과 살아갈 방법을 골몰하는 것이 가장 빠른 방법이다. 저출생과 지역소멸의 복합 위기에 보수정부인 윤석열 정부에서조차 이민청 설치를 통해 전향적인 이민정책 추진을 공언했으나 진척된 사안은 없다.

자기 자리에서 이주노동 문제를 점검하기

물론 정부도 마냥 손을 놓고 있는 것은 아니다. 숙소 개선은 비교적 빠른 속도로 이루어지고 있다. 미비하긴 하지만 농업 분야에도 표준근로계약[6] 도입을 각 지자체마다 권고하고 있다. '공공형계절근로사업'의 도입으로 농협이 계절노동자 관리의 주체를 맡는 곳도 많이 생겼다.

---

6 지자체마다 기본계획에 근로시간이 8시간이면 점심시간을 미포함한 1시간의 휴게 시간을 부여하고, 연장근로의 경우에는 통상 임금의 100분의 50 이상을 가산하여 지급하라는 규정이 도입되기 시작했다. 지켜지는지에 대한 회의적인 시각에도 불구하고 명문화되기 시작했다는 점에서는 중요하다.

농협을 포함한 전국 70곳이 공공형계절근로사업에 참여하고 있으며, 2025년에는 90곳으로 확대될 예정이다. 민영에 맡겨둔 계절근로사업의 대안으로 공공성을 담보하는 방향으로 이동한 것이다. 농협이 자의 반 타의 반으로 조율에 나서기도 하고 농업기술센터에서 업무를 맡기도 한다. 형식적이더라도 인권교육과 안전교육도 이루어지고 있다. 모범사례도 늘어나지만 억지로 떠맡아 결국 브로커에게 재하청을 주는 지역도 많다. 각 지역 농협의 사정도 천차만별이어서 이미 계절노동과 관련한 예산을 다 소진해 중앙정부의 지원을 호소하는 곳도 있다.

경상북도와 경기도의 경우 〈외국인 계절근로자 지원에 관한 조례〉가 있으며 각 지자체마다 조례 제정이 확산되는 추세다. 그러나 대체로 인력난 해소에 방점이 찍혀 있다. 인권침해 관련한 조항을 넣고 이에 대한 교육과 사후관리가 필요하다. 각 지자체마다 형편껏 농업이주노동과 관련한 제도를 운용하다 보니 일관성이 부족할 뿐만 아니라 사고가 발생했을 경우 기민한 대응도 어렵다. 특히 이주민 문제는 외교의 영역이기도 하므로 중앙정부의 역할이 제대로 정립되어야 한다. 농업도 거추장스러운 판에 잠재적 '불체자'인 농업이주노동자들의 유입을 경계하는 정부여서는 안 된다. 온전히 자치의 영역으로만 둘 수 없는 이주노동과 이주민 문제를 역량이 달리는 지자체에 떠넘기고 사고가 터지면 그제야 위법성을 따지는 반복적인 행태를 멈추어야 한다.

따라서 농업이주노동과 관련해 시군간 협의체를 만들어 정부에 공동의 요구를 하고 표준적인 운용 방식을 구축해야 한다. 현재 농업이

---

7 농업이주노동(계절근로자제)과 관련해서는 거창군의 경우 전략담당관이 배치되어 있다. 본문에서는 본격적으로 다루지 않았으나 올해 필리핀과 MOU를 맺고 입국한 필리핀 계절이주노동자제도를 성공적으로 운영하였다. 농가와 노동자 모두 만족도가 높아 재입국 의사가 높았다. 지역의 시민단체와 담당자들이 나서서 숙소 점검과 생활지원, 거창군 관광, 위로잔치 등 환대의 퍼포먼스가 겸해진 결과이다. 거창군의 〈농촌인력난 해소를 위한 지원 조례〉를 참고할 필요가 있다.

주노동 관련 담당부서는 지자체마다 제각각이다. 인력분과가 맡는 곳도 있고 이민분과, 농축산유통과 등 원칙 없이 흩어져 있거나 혼재된 양상[7]인데 이에 대한 전담 및 통합부서를 설치해야 한다. 또 그간 이주민과 관련한 운동을 펼쳐온 민간이 적극적으로 참여하여 쌓아온 역량을 제도 안에서 풀어낼 수 있도록 길을 터야 한다. 이중언어 구사가 가능한 이주배경 당사자들을 적극 발굴하여 공공의 역할을 부여하는 것도 좋은 방법이다. 부족한 것은 아이디어와 예산이 아니라 외려 공공기관의 '다문화 수용성' 여부다.

 이주민 문제를 정부정책과 공공의 영역에만 넘겨서도 안 된다. 헌신적인 이주노동운동에 부담을 주는 방식이 아닌 각자의 자리에서 점검도 이루어져야 한다. 국내의 대안농식품운동조직에서 농업이주노동 문제에 대한 실태조사가 이루어지거나 관련한 토론이 이루어진 적이 있었던가. 각 생협마다 생산자 조직이 있고 분명 농업이주노동자들을 고용하고 있을 것이므로 이에 대한 실태조사가 필요하다. 생협 생산자 농장이 이주노동자들에게 어떤 평판을 받는지를 묻는 것이다. 최종 생산물의 친환경인증에 노동인증 표시를 붙이자는 이야기를 조합원들은 먼저 할 수 있지 않을까. 외국에서 공정무역 커피와 설탕을 들여올 수는 있어도 국내의 농산물이 공정한 생산과 가공 과정을 거쳤다고 자신할 수 없다.

---

8 아감벤의 『호모사케르』에 나오는 개념으로 이는 법과 정치체제 내에서 통제되는 대상이며, 주권자의 삶이 아닌 단순히 살아 있는 생명으로 규정된 상태를 말한다.

다시 마석에서

밥을 주더라도 부러 바닥에 던져주어 주워먹게 하거나 이유 없이 돌팔매질을 당했던 한센인들은 '벌거벗은 생명'[8]이었다. 한센인들이 기른 돼지와 달걀은 제값조차 받지 못하였다. 한센인을 배제하고 폭력을 행사하는 데에 거리낌이 없었다. 그 한센인이 살던 자리를 이주노동자들이 채웠다. 무슬림인 노동자에게 삼겹살을 먹으라 강요하던 악랄한 사용자들의 이야기가 떠돌던 곳이다.

그런 마석은 한국 이주민운동의 산실이며 이주민들과 선주민들이 40여 년간 어우러져 살아온 공간이다.[9] 그러나 어우러짐을 긍정적이거나 낭만적인 발화로 인식해서는 안 된다. 이주민과 선주민들 간의 갈등은 늘 있고, 각자의 생활 영역은 구획화되어 있다. 이주민들은 너무 더럽다는 인식이 퍼져 있다면 복잡한 분리수거에 대한 안내문을 현지어로 병기하고 안내해줄 청소반장이 있었으면 한다는 주민들의 제안은 어떤가. 이·통장에게 지급하는 수당을 이주민 청소반장에게 지급한다면 어떤가.

마석 관내의 고등학교에서는 다문화세계포럼을 열어 이주민운동 활동가와 이주민들을 초대해 이주에 대한 이해를 높이는 교육을 실행하고 있다. 선도적인 학교여서가 아니라 교문과 대문 밖에 이주민들이 늘 존재하므로 '차라리!' 배움을 주선하는 것이다. 가까이 하기엔 너무 멀었던 지척의 이웃, 이주민과의 만남을 주선하고 조직하고 있는지, 그럴 마음은 있는지 묻는다.

---

9 2013년 출간한 『우린 잘 있어요, 마석 – 마석가구공단 이주노동자 마을의 세밀한 관찰기』와 2021년 2월 4일 EBS 〈다큐 it〉에서 방영한 '한센인과 이주노동자' 편을 참고하라.

참고문헌

헤인 데 하스, 『이주, 국가를 선택하는 사람들』, 세종서적, 2024.

조르조 아감벤, 『호모사케르』, 새물결, 2008.

고영란, 이영, 『우린 잘 있어요, 마석 - 마석가구공단 이주노동자 마을의 세밀한 관찰기』, 클, 2013.

우리의 이웃, 이주민

유요열
사단법인 홍성이주민센터
이사장

들어가며

많은 사람들이 지금의 농촌은 이전의 농촌이 아니라고들 말한다. 그렇다면 무엇이 달라졌을까? 여러 측면이 있겠지만, 일단 일하는 사람들이 달라진 것이 눈에 보이는 큰 변화다. 이제 농촌에서 외국인(이주민이란 말은 뒤에서 설명한 후부터 사용할 것임)을 만나는 것은 어렵지 않다. 밭에 나가봐도, 축사농장에 가봐도, 가공공장에 가봐도, 관리인 몇을 빼면 일하는 사람들이 거의 외국인이다. 물론, 농업만 그런 것은 아니다. 한국 사회에서 육체노동을 필요로 하는 곳이라면 어디든 외국인들이 있다. 외국인 없는 우리나라의 노동과 생산 활동은 이제 상상할 수 없을 정도가 되었다. 그러니 농촌뿐만 아니라 우리 사회와 국가도 이전의 한국 사회와 국가가 아닌 게 분명하다.

왜 이렇게 되었을까? 바로 일할 사람이 없기 때문이다. 인구감소와 함께 한국 사람들이 꺼리는 일들이 많아진 것이다. 농촌에서 일할 사람이 사라지면 농촌이 사라지는 것이다. 마찬가지로 나라에 일할 사람이 없으면 나라도 소멸하고 말 것이다. 그래서 한국 사회가 유지되기 위해 필요한 그 자리를 외국인들이 채우게 된 것이다. 간혹 외국인들이 우리 일자리를 뺏는다고 말하는 사람이 있는데, 결코 그렇지 않다. 오히려 원한다면 얼마든지 지금 외국인이 일하는 자리를 뺏을 수 있다. 외국인이 하는 일을 외국인이 받는 급여대로 일하겠다면 말이다. 외국인 채용법 고용허가제를 봐도 외국인을 채용하려는 업체는 먼저 한국인 고용을 위해 노력하라고 되어 있을 정도이다.

이렇게 우리의 필요에 의해 우리나라 곳곳에서 외국인들이 일하고 있고 꼭 필요한 부분을 메우고 있다고 할 때, 우리는 그들을 그에 상응하는 존재로 인정하고 있을까? 현실은 그렇지 못하다. 이 글은 이러한 문제의식에서 출발한다.

한국 사회와 이주민

우리나라는 오래전부터 중국과 다양한 관계를 맺어오고 있지만 중국이 외국으로 인식되는 차원은 아니었던 것 같다. 우리나라의 외국과 외국인에 대한 사회 전체적인 경험은, 근현대에 있었던 강압적 침략이나 피지배로 시작되었다고 볼 수 있다. 그로 인해 단일민족이라는 인식이 더 강화되기도 했겠다. 해방과 전쟁 후 경제성장 이전까지만 해도 우리 사회의 외국과 외국인 경험은 선교사, 구호봉사자, 미군 등 아주 제한적이었고 해외취업, 해외파병, 유학 등도 극히 일부분의 일로 사회 전체적인 경험은 아니었다. 이렇게 우리는 외국과 외국인에 대한 경험 부족과 부정적 인식을 바탕에 가지고 있었다.

이런 우리 사회는 경제성장 이후 외국인과 관련하여 급격한 변화를 경험한다. 1989년 해외여행 전면자유화, 1991년 산업연수생제도 도입, 1992년 한중수교 체결이 중요한 계기가 되었다. 1991년에 도입된 산업연수생제도는 인력 부족과 임금인상을 부담스러워하는 산업체에 저임금의 외국인 노동자를 공급하려는 목적으로 시행되었다. 이것이 한국 사회에서 일하는 외국인 역사의 시작이라 할 것이다. 그러나 연수라는 명목으로 최저임금 적용도 안 받도록 설계된 산업연수생제도는 외국인 노동자를 노예나 물건 취급해도 된다는 인식을 만들었다. 결국 산업연수생제도는 많은 문제를 일으키다 2004년 고용허가제 도입 이후 사라지고 말았다. 고용허가제는 진일보한 외국인 노동자 정책이라고 한다. 하지만 차별적 요소가 여전히 남아 있고, 외국인 노동자를 '단기순환원칙'과 '보완성원칙'으로 취급하겠다는 국가정책에 기반을 두고 있는 것이어서 외국인 노동자에 대한 잘못된 인식은 여전한 상황이다.

한국에서 외국인 노동자 역사의 또 다른 한 축은 1992년 한중수교로 볼 수 있다. 한중수교 이후 조선족 동포들이 대거 들어오기 시작했다. 한때는 전체 외국인의 절반이 넘었고, 2023년 통계로는 전체 외국인 중 37.6퍼센트가 중국인들로 그 비중이 가장 높다. 같은 통계에서 한국 체류 중국인의 수는 94만 2,395명이라고 한다. 우리 사회에서 100만 명 가까운 중국인(조선족 포함)들이 일하고 있는 것이다. 중국인은 숫자도 많고 이주한 시간도 오래되어 산업 분야에 끼치는 영향이 지대하다. 한국은 한중수교를 통해 엄청난 외국인 인력을 얻은 셈이다.

이쯤에서 외국인과 이주민에 대한 용어를 정리해보자. 이주민은 영어로 'migrant'로, 외국인 'foreigner'와는 구별되는 말이다. 이주민은 일자리를 구해서 이주해온 사람이기 때문이다. 그러므로 지금 한국에 살고 있는 대부분의 외국인은 이주민이라고 하는 것이 맞다. 그들은 국경을 넘어 한국에 일하러 왔고 한국에서 일을 하고 있다. 산업연수생제도로 한국의 이주민 역사가 시작되었고, 한중수교로 한국은 이주민 노동력을 바탕으로 한 산업 개편을 이룰 수 있었다(이후부터 이주민이라 쓸 것임).

이주민과의 만남, 활동, 변화

이제 나의 이주민과의 인연을 말해보고자 한다. 어릴 때 만난 파란 눈의 독일 선교사님, 대학의 원어민 선생님, 그리고 농촌교회에서 목회할 때 교인 아들인 농촌 노총각에게 시집온 조선족 동포 새댁이 인생 절반 동안 만난 외국인 경험의 전부였다. 외국 말은 어려웠고, 외국 문화와 외국 사람에 대해 아는 것도 없었고 관심도 별로 없었다.

농촌교회 목회를 끝내고 홍성읍에서 개척교회를 시작해 지내던 중 2003년 우연히 나이지리아 노동자 2명을 알게 되었다. 그 무렵 '싸장님 나빠요!'라는 동남아시아 사람 흉내를 내던 코미디가 인기를 끈 일이 있었는데, 그 정도 수준의 관심으로 만났던 것 같다. 나이지리아 노동자들과 몇 번 밥도 먹고 지내던 중 필리핀 새댁이 시집을 왔는데 도와줄 수 있는지 전화가 왔고, 그렇게 세 명이 함께 한국어 공부를 시작했다. 서너 달 함께 공부하며 지냈는데 불법집중단속 때문에 나이지리아 노동자 한 사람은 출국하고 다른 한 사람은 안산으로 떠나고, 필리핀 새댁은 출산이 다가와 더 이상 공부를 하지 못하게 되면서 이주민과의 첫 만남은 끝이 났다. 그때 나이지리아 노동자들은 산업연수생으로 입국했다가 동료에게 여권을 뺏기고 미등록체류(보통 불법이라고 한다) 신분이었고, 필리핀 새댁은 중매업소를 통해 한국에 들어온 상황이었다. 지금 생각해보면 이주민 관련 한국 사회의 변화가 나의 삶도 바꾸어놓은 것 같다.

그후 1년쯤 지나 필리핀 새댁이 그 사이에 한국으로 결혼해 온 필리핀 여성 10여 명을 데리고 오면서 한국어학당 운영을 본격화했다. 생각해보면 그때는 중매업소에 의한 결혼이주여성이 밀려오던 때였다. 그들에 대해 누구도 책임지지 못했고 지원해주는 곳도 없었다. 이국땅에 덩그러니 데려다놓기만 하고 한국어 배울 곳조차 제공되지 않던 상황이었다. 연일 국제결혼 이주여성 관련 사건사고가 신문지면과 방송에 넘쳤다. 사람만 많이 데려다놓는 것은 결코 이주민 정책이 될 수 없다는 것을 그때 분명히 알게 된 것 같다. 그때까지 한국에서 한국어 교육은 대학 어학원만의 일이었는데, 우리는 자격이나 내용도 갖추지 못했지만 그런 것을 따질 때가 아니었다. 열심히 한국어를 가르치고 온갖 궂은일을 도우며 참 바쁘게 지냈다. 아무 준비 없는 한국 사회로 쏟아져 들어오는 이주민을 위해 시민운동 차원에서라도 도와야겠다는 생각으로 2006년 '비영리민간단체 홍성이주민센터'를 만들었다.

2007년 어느 날 10여 명의 스리랑카 이주노동자들이 어떤 회사에서 집단 해고를 당하고 오갈 데가 없다며 센터를 찾아왔다. 한 달 동안 이주노동자들을 먹여주고 재워주면서 전국의 쉼터와 사업장을 연결해주었다. 이 일을 계기로 이주노동자상담소와 쉼터 역할을 자임해오다 2014년에 이르러 '홍성이주노동자상담소'를 개소하게 되었다.

같은 해에 '홍성다문화작은도서관'도 개관했다. 이주민 지원을 10년 넘게 해오면서 이주민들이 단순히 일만 하고 돈만 벌어 돌아가는 존재가 아니라, 이곳에서 인간다운 삶을 살며 문화도 누리고 싶은 존재임을 인식하게 된 결과이다. 이주민들은 책도 읽고, 영화도 보고, 여행도 하고, 여가활동 체육활동도 하고 싶다. 우리 센터가 이런 이주민의 모든 문화적 요구를 다 채워줄 수는 없지만, 상징적으로라도 이주민의 문화 활동을 지지하는 의미로 작은도서관을 꾸린 것이다. 한편 아시아 뮤직페스티벌 축제를 열기 시작했다. 2024년 8월 31일에는 제10회 아시아뮤직페스티벌을 개최했는데, 10여 개 나라 3,000여 명이 참여하여 자기 나라의 노래와 춤과 음식 등을 뽐내며 그야말로 아시아 한마당을 이루었다. 아시아뮤직페스티벌은 이주민들이 자발적이고 주체적으로 참여하고 즐기는 축제로 어디에 내놓아도 자랑할 만한 축제라고 생각한다.

이주민에 대한 오해와 차별

이렇게 이주민과 함께 한 시간이 20년이 넘었다. 나는 이전부터 이주민 관련 비극적인 일을 너무나 많이 봐왔기 때문인지 지금의 이주민 상황이 전에 비해 좋아졌다고 생각한다. 하지만 현실은 정말 좋아졌을까? 특히 이주민에 대한 우리 사회의 인식이 긍정적으로 변화했을까? 아니다. 20년 전이나 지금이나 우리 사회의 이주민에 대해 편견과 오해와 차별적 인식은 바뀐 것이 없다. 나는 이주민 관련하여 관공서나 관련자들과 논의하는 자리에 종종 참여하는데, 지금도 본론에 들어가지도 못한 채 이주민 자체를 설명하느라 발언 시간 대부분을 쓰곤 한다. 여전히 우리 사회의 이주민에 대한 무지나 무관심과 싸우는 것이 내 주된 임무인 셈이다. 어쩌다 이주민을 잘 알고 지지한다는 사람을 만나는 경우에도, 그들 입에서조차 아무렇지도 않게 이주민을 차별하는 말이 나오는 것을 들으며 속을 끓여야 한다.

최근에는 가사도우미로 필리핀 여성들이 한국에 들어왔다. 내 입장에서는 이런 정책 자체가 도무지 이해되지 않는데, 엉뚱하게 임금 문제가 부각되었다. 필리핀에 비해, 혹은 가사도우미제도가 있는 다른 나라에 비해 임금이 너무 많다는 것이다(최저임금 때문에). 심지어 이주민을 지지한다면서도 이것은(이주민에게 최저임금을 적용하는 것은) 동의할 수 없다고 말하는 사람까지 보았다. 나라마다 화폐가치가 다르니, 나라별로 업종별로 임금을 달리 줘야 한다는 말까지 들었다.

그 나라 화폐가치를 고려해서 임금을 차등적으로 주자는 생각이야말로 심각한 차별이다. 필리핀 여성들은 복지 등 다른 혜택을 받으며 급여를 조금 덜 받든지, 아니면 다른 혜택이나 보장 없이 급여를 조금 더 받든지 중에 선택하여 한국에 온 것이다. 그들은 필리핀에서 일하는 것이 아니고 필리핀에서 생활하는 것도 아니다. 한국에서 일하고 한국에서 생활하는데, 복지 지원도 없는 한국에서 본국 기준의 급여를 받으면 도대체 어떻게 살라는 말인가! 최저임금은 그 사회에서 노동해서 살 수 있는 최소한의 생활비, 생계비를 의미한다. 1960~70년대 독일 광부나 사우디 건설 노동자들에게 지구 최빈국을 갓 벗어난 우리나라 기준의 급여를 준다고 했다면 누가 거기까지 가서 일했겠는가? 이주민도 우리 사회의 최저임금을 적용받는 것은 당연한 일인데 우리 사회는 그런 인식을 못하고 있다.

코로나 초기에 이주민들이 대거 본국으로 돌아가자 한국 사회 전체에 심각한 인력 수급 문제가 발생했다. 곳곳이 아우성이었다. 일용직 시장에서 이주노동자 하루 일당이 15만 원을 넘어 20만 원을 호가했고, 배 타는 곳에서는 500만 원의 월급을 준대도 사람을 못 구한다는 말까지 나돌았다. 그렇게 시간이 지나자 이젠 이주민 인건비가 너무 올랐다고 일당을 얼마 이상 주면 고발하겠다는 플랫카드가 붙었다. 그런데도 이 플랫카드를 문제 삼는 사람이 없었고, 오히려 당연한 듯 바라본 것이 우리 사회이다. 사실 코로나가 터졌을 때 생산 현장 가동률이 떨어지면서 가장 먼저 해고당한 사람들은 이주노동자들이었다. 하루 벌어 하루 사는 미등록 일용직 이주노동자들은 몇 달 이상을 일 없이 지원도 없이 견뎌내야 했다. 그렇게 해서 이주민들이 떠나고 인력이 부족해진 것인데, 수요공급에 따라 인건비가 오른 것을 이런 식으로 문제 삼다니, 인건비 오른 것이 이주민의 잘못인가? 그리고 급여는 최저임금만 법에 저촉될 뿐 많이 준다고 해서 누가 고발할 수 있는 성질의 것도 아니다. 대기업에서 중소기업보다 월급을 많이 준다고 누가 고발한다면 다들 웃을 일이 아닌가! 그런데 그런 일이 이주민을 대상으로 일어날 때에는 아무렇지도 않게 생각하는 것이 우리 사회이다.

스리랑카에서 온 D는 원래 2020년 2월 입국 예정이었는데 코로나로 미뤄지다 2022년 1월 11일이 되어서야 한국에 입국할 수 있었다. 그가 얼마나 한국에 오고 싶었을까! 1월 22일 배 타는 일을 시작한 그는 4월 25일까지 단 하루도 쉬지 못했다고 한다. 매일 새벽 5시부터 오후 6시까지, 휴일도 없이 토요일 일요일에도 같은 일을 했다고 한다. 하루 일과 후에 쉼도 없었다. 사장은 몸종처럼 그에게 심부름을 시켰고 폭행까지 했다고 한다. 그렇게 일해서 D가 받은 월급은 190만 원, 190만 원, 100만 원이 전부였다. 사장은 일이 급하다고 외국인등록증을 만들기 위한 외출조차 허락해주지 않았고, 4월 25일 밤 도망쳐 나온 D가 우리 센터에 도움을 요청했을 때, 그는 이미 외국인등록 기간 3개월을 넘긴 미등록 신분이었다. D와 같이 체류 기간이나 등록 기간을 넘긴 이주민을 우리 사회는 불법체류자라 부른다. 그러면 D는 불법 범죄자인가? 법무부가 불법체류자 단속에 열을 내고, 온 사회가 이들을 불법이라며 범죄자 취급한 결과가 무엇인가? 출입국관리소는 목표 인원을 세워 수시로 비인도적 방법을 동원하여 단속했지만, 전체 미등록외국인 수는 더 늘어났다. 반면 위축된 미등록자들은 자기들이 입은 불법

범죄 피해(임금체불이나 부당한 형사피해)조차 제대로 구제받지 못하는 실정이다. 어느 나라나 출입국관리는 필요하다. 그러나 우선 미등록이 발생하지 않도록 관리하는 것이 중요하고, 미등록 이주민을 범죄자 취급하지 않고 차별 없이 관리하는 것이 더 중요하다. 한국 사람이 음주운전에 적발되면 벌금을 내면 된다. 그러나 이주민은 등록 여부와 상관없이 벌금도 내고 추방도 된다. 이중 처벌이다. 음주운전이 괜찮다는 말이 아니라 우리 사회가 이주민에 대한 차별을 당연시하고 있다는 말이다.

이주민도 사람이다

우리 경제 구조가 변하고, 젊은 세대의 취업에 대한 요구가 달라진 결과 이주노동자들이 한국에 들어와 일하게 되었다. 이주민들이 더럽고 힘들고 위험한 일들을 저임금으로 감당하고 있어 우리나라 경제가 유지되고 있다. 무엇보다 분명하고 중요한 것은, 그 어떤 경우에도(크게 보든 작게 보든) 우리의 필요 때문에 그들이 한국에 있다는 것이다.

한국 사회에서 일하지 않는 이주민은 없다. 이주민은 한국에서 법적 복지 대상이 아니다. 스스로 일하지 않고는 어떤 도움도 받을 수 없고 살 수 없다. 일해야 산다. 한국 사회에서 이주민은 생산적인 일을 한다. 퇴폐적이거나 소비적인 일이 아니라 밭에서 공장에서 생산적인 일을 하고 있다. 뿐만 아니라 이주민은 소비도 한다. 번 돈을 모두 고국에 보내는 이주민은 한 사람도 없다. 아니 대부분이 번 돈의 많은 부분을 한국에서 생활하는 비용으로 쓰고 있다. 이주민은 노동자다. 노동한 만큼의 대가로 사는 사람들이다. 이주민의 임금은 일한 만큼의 권리다.

노동자 이주민은 큰돈을 받는 것도 아니고 받을 수도 없다. 조금 더 받는다면 야근하고 주말 근무해서 그만큼의 급여를 받을 뿐이다.

한국 사회에서 이주민은 생애 전 주기를 한국에서 보내고 있다. 우리 센터에서 이주민 출산 관련 상담은 중요한 업무 가운데 하나가 된 지 오래다. 이주배경 중도입국 청소년들도 꾸준히 우리 센터를 찾아오고 있다. 작년부터 이주노동자들의 가족 초청으로 부인이나 어린 자녀들이 입국하는 사례도 늘어났다. 청년기에 한국에 와서 결혼하는 이주민 커플도 많아지고 있다. 10년 정도 한국에서 일하는 이주민은 흔하고, 이제는 한국에서 정주 정착하려고 비자를 준비하고 갱신하는 이주민들이 늘고 있다. 오래 생활하다 보니 병드는 경우도 생겨 병원 치료를 지원할 일이 늘어나고 있다. 심지어 사망하는 이주민들도 본다. 산재사망, 돌연사, 자연사로 한국에서 세상을 떠나는 이주민들이 있다. 이주민들은 실제로 생노병사를 한국에서 보내고 있다는 것이다.

그런데 이런 이주민에 대한 정책적 지원은 없다. 우리나라는 아직 이주민을 지원하는 법이 없다. 고용허가제라는 법도 이주민을 지원하는 법이 아니라 관리하는 법일 뿐이다. 이제는 최소한 그들이 이 사회에서 일하는 만큼의 지원은 있어야 하지 않을까? 최소한 사람답게 사는 것은 보장해주어야 하지 않을까? 이주민에 대한 정책이 없으니, 이주민은 그 작은 돈마저 착취당하기 쉽다. 정당한 권리인 임금마저 체불되는 경우가 내국인보다 훨씬 많다.

이주민들은 브로커들에게 이용당하기도 쉽다. 특히 미등록자들, 일용직 이주민, 한국어 소통이 어려운 이주민, 파견업체와 관계된 이주민, 계절근로자 등은 구조적으로 브로커에게 노출되어 있다. 정부가 외국인 노동자 수를 늘리려고만 하고 지원은 책임지지 않기 때문에 새로운 외국인 관련 정책이 나오면 브로커들만 더 생긴다. 재주는 이주민이 부리고 돈은 브로커들이 챙기는 현실이다. 그러나 그들이 그만큼 이주민에 대한 책임감을 갖고 있는지는 의문이다. 한국 사회 전체적으로 봐도 마찬가지다.

이주민도 사람이다. 우리 사회는 이주민 없이 유지할 수 없는 사회가 되었는데 아직도 이주민도 사람이라는 이 분명한 사실을 인식 못하고 인정하지 않으려 한다. 여전히 이주민을 사람 취급 안 해도 되는 대상으로 여기며, 있으나 없는 존재로 취급하는 현실이다.

인구 문제, 노동력 문제, 지역소멸의 문제는 단순히 외국인만 많이 데려다 놓는다고 해결되지 않는다. 이주민에 대한 차별이 지속되는 한 우리 사회의 미래는 없다. 우리 사회는 시급히 인권적 관점으로 이주민에 대한 인식을 세워야 한다.

함께라서 힘이 되는:
전라북도 내
결혼이주여성 자조모임[1]

진명숙
전북대 고고문화인류학과
부교수

글을 시작하며

2020년 기준, 국내 결혼이주여성은 약 30만 명, 다문화가구 구성원은 109만 3,000명으로 집계되고 있다. 10년 이상 체류한 결혼이민자, 귀화자의 비중도 전체의 68.5퍼센트를 차지해 다문화가족의 국내 거주 역시 장기화 국면에 접어들었다. 그중 내가 거주하는 전라북도의 다문화가구는 1만 3,661가구, 구성원은 4만 3,926명으로 집계되고 있다. 가장 많은 수를 차지하는 나라는 베트남(5,109명)이며 그 다음으로 중국(3,732명, 한국계 포함), 필리핀(696명), 일본(635명) 순이다(2021년 기준).

나는 결혼이주가 한국 사회에 낯설지 않은 일상으로 자리한 지 오래되었기 때문에 여성들의 커뮤니티도 다양하게 형성되어 있을 것이라 보았다. 커뮤니티는 여성들의 사회문화적 참여의 출발점이자 한국 사회에 적응·정착의 여정과 분투를 보여주는 지표라 할 수 있다. 사람들은 다른 이들과의 유대·교류·소통을 통해 공동체를 창발하면서 삶

---

[1] 이 글은 국립민속박물관에서 펴낸 『전라권 도시·농촌·어촌의 다문화 커뮤니티와 사람들』(2023)에서 필자가 쓴 「함께라서 힘이 되는: 결혼이주여성 자조모임 민족지」를 발췌·요약한 것임을 밝혀둔다.

의 활력과 에너지를 얻으려 하기 때문이다. 결혼이주여성도 예외일 수 없다.

이 글에서는 전라북도 내 결혼이주여성들의 '자조모임self-help group'을 살펴보고자 한다. 자조모임 본연의 목적이 같은 처지에 있는 사람들이 모여 함께 어려움을 나누고 해결책을 찾기 위한 것인 만큼 결혼이주여성에게 자조모임은 친연성이 깊다. 결혼을 계기로 한국에 입국한 여성들은 언어, 가족(시가), 음식, 자녀 양육 등 여러 난관을 극복하기 위해 비슷한 고민을 안고 있는 이들과 모임을 가졌다. 그들은 자조모임을 통해 사회적·정서적 상호의존과 지지의 체계를 형성해 나가고 있다.

이 글은 전라북도 내에 있는 '가족센터'(이하 센터)와 연결되어 활동했거나, 활동하고 있는 7개의 자조모임에 관한 이야기이다. 조사는 2023년 1월에서 8월에 걸쳐 진행되었고, 모임 리더와의 심층면담을 중심으로 진행되었다.

면담 대상자	면담 시기	장소	비고
섬사마디(여)	2023.2.4.	남원시 카페	남원시청 직원
뉘엔티안(여)	2023.2.10.	자택	
왕서유(여), 조아라(여)	2023.2.27.	센터	
박수진(여)	2023.6.26.	센터	익산시가족센터 직원
여선영 외 6명(여)	2023.8.6.	담양군 카페	
토미오카 카츠미(여)	2023.8.23.	무주읍 카페	

표 1 | 면담 대상자.

결혼이주여성 자조모임의 다양한 사례

1) 무주군: 중국 자조모임

무주군의 중국 여성 자조모임이 가족센터와 연계되어 프로그램을 진행한 것은 2022년이지만, 이미 2010년경부터 위챗(중국 채팅앱)과 카카오톡을 통해 멤버들끼리 소통을 해왔다고 한다. 현재 10여 명이 활동하고 있고, 모든 멤버들이 한족이며 한국에 거주한 지 10년이 넘었다. 일부러 조선족과 구별하려고 한 건 아닌데, 아무래도 두 민족 간에 문화가 크게 달라 자연스럽게 분리된 것 같다고 한다. 모임에서는 주로 중국요리를 함께 만들어 먹는다. 모임 장소는 다양하다. 날씨가 좋은 날에는 야외에서 만나기도 한다. 그 밖에 회원 집, 식당, 센터 등에서 모인다. 식당이라 함은 멤버가 운영하는 가게를 말한다. 무슨 요리를 할지는 당번이 정한다. 당번이 톡방에 회원의 의견을 물어봐 정하기도 한다. 지난해에 만들어 먹은 요리가 족히 스무 개는 될 것이다. 한 번 모일 때마다 최소 두 개 이상 만들어 먹는다. 닭, 돼지, 해물 등 재료도 다양하다. 중국이 워낙 넓다 보니 지역마다 먹는 음식이 다양해 모임 때 처음 먹어본 음식도 있다.

모임에 남편은 안 데려온다. 모임일이 일요일이어서 남편은 집에서 애를 본다. 사실 남편들이 오면 한국 음식을 따로 챙겨줘야 해 불편한 점도 있다. 아이들이 어릴 때에는 대부분 아이들을 데리고 다녔는데, 커가면서 점점 오려 하지 않는다. 요즘은 한두 명을 제외하고 거의 애를 두고 온다. 식사 비용은 나눠 부담하며, 생일인 친구는 내지 않아도 된다.

조아라는 멤버들이 이 모임을 통해 더 많은 경험을 하고 스트레스를 풀 수 있기를 바랐다. 그리고 요리 외에 다른 프로그램도 경험했으면

사진 1 ǀ 왕서유(왼)와 조아라(오른).
(사진제공: 왕서유)

사진 2 ǀ 중국 자조모임 요리 후 시식 전.
(사진제공: 무주가족센터)

했다. 중국 음식을 함께 만들고, 맛을 즐기면서 얻는 행복도 크지만, 아무래도 요리는 재료 준비부터 정리까지 신경 써야 할 부분이 많다. 그녀는 멤버들이 자신을 위해 투자하길 바랐다. 한국에 와서 적응하랴, 일하랴, 자식들 키우랴, 정작 '자기 자신을 위해' 살아본 적이 없다는 것이다. 내면의 힘을 키워줄 심리치료 프로그램이라든지, 한국의 역사와 문화를 이해할 수 있는 문화탐방 프로그램 등을 진행해보고 싶다고 한다.

2) 무주군: 레인보우 밴드

2011년 무주종합복지관은 '사랑의모금회' 지원을 받아 결혼이주여성이 주축이 된 음악밴드를 꾸렸다. 국적도 일본, 필리핀, 태국, 베트남 등 다양했다. 점점 공연 기회가 많아지며 자리를 잡게 되었고, 2018년 무주군가족센터 공간으로 옮긴 후부터 자조모임으로 운영되고 있다. 현재 단톡방에는 9명이 모여 있다. 거쳐간 멤버까지 합하면 20명 가까이 된다. 현재 모이는 모든 멤버가 결혼이주여성은 아니다. 센터 직원, 다문화가정 자녀들 외에도 일반 한국인과 그 자녀들이 30~40퍼센트를

사진 3 | 무주반딧불축제 때 노래하고 있는 토미오카. (사진 제공: 토미오카)

사진 4 | 레인보우 밴드 연습모임. (사진제공: 무주군가족센터)

차지한다. 밴드라는 공통의 관심사가 있기 때문에 가능한 것이 아닌가 한다. 10년 전 결혼이주여성의 나이는 40대였으나 이제는 50대가 되었다. 현 대표인 토미오카는 2013년 레인보우 보컬에 공백이 생기면서 합류했다.

밴드 모임은 주로 연습과 공연으로 이루어진다. 연습은 3월 말부터 11월 초까지 진행된다. 겨울에는 춥고, 눈이 많이 내려 밤에 움직이는 것이 불편해 쉬고 있다. 주 1회 연습하다가 공연이 가까워지면 주 2회 모이고, 저녁 7시 30분에 시작해 9시나 9시 30분쯤 끝마친다. 토미오카를 제외하고 대부분 읍내에 거주하여 연습실을 오가는 데 어려운 점은 없다.

2018년 가족센터 건물로 이주해 오면서 지하공간에 연습실을 두고, '락락밴드실'이라 이름붙였다. 레인보우는 2014년 아모레 퍼시픽과 한국여성재단이 주최하는 〈희망날개〉 사업[2]에 선정(상금 500만 원)되어 전국 곳곳으로 공연을 보러 다니기도 했다. 2021년에는 전주MBC에서

---

2 〈희망날개〉는 아모레퍼시픽복지재단과 한국여성재단이 2011년부터 공동지원하고 있는 사회공헌 사업으로 다문화 여성커뮤니티의 문화 창작 활동을 지원하는 사업이다.

주관하는 콘테스트에서 장려상을 수상했다. 레인보우는 주로 무주반 딧불축제, 농특산물축제, 생활문화동호회행사, 전라북도다문화어울림축제(이하 어울림축제), 무주종합복지관 등에서 공연을 한다. 정기적으로 무주종합복지관에서 공연봉사활동을 해온 덕분에, 복지관에서는 10주년 행사 기념으로 레인보우에게 공로상을 수여하기도 했다.

얼마 전 레인보우 베이스를 맡았던 이가 그만둬 멤버를 재조직하는 게 관건이다. 토미오카의 바람은 오랫동안 레인보우에서 노래하는 것이다. 코로나에 두 번이나 감염되어 목소리도 예전같지 않다. 과연 환갑 때까지 노래를 할 수 있을지 의문이지만, 최대한 오랫동안 레인보우에서 노래하고 싶다고 한다.

3) 남원시 : 캄보디아 '행복한 자조모임'

2021년까지는 '캄보디아 자조모임'으로 운영되어오다가 2022년부터 주제가 있는 자율모임으로 바뀌면서 '여성들이 행복하자'는 뜻으로 모임명을 '행복한 자조모임'으로 정했다. 2018년 남원시 가족센터와 결합하기 전에도 캄보디아 여성들은 비정기적으로 모여왔으나, 리더인 '섬사마디'가 센터와의 결합을 적극 추진했다. 현재 회원은 17명으로, 평균 10~13명 정도 모인다. 나이는 30대 초반으로 모두 한국에 온 지 10년이 넘었다.

모임 날짜는 회원들이 많이 참여할 수 있는 날로 정한다. 주로 주말보다 평일 저녁을 선호한다. 주말을 택할 때는 아이들과 함께 하는 프로그램을 기획한다. 모임 내용은 계절에 따라 달라진다. 여름이라면 물놀이를, 가을이라면 단풍놀이를 하는 식이다. 남원 인근의 산에 가거나 아이들과 함께 남원 역사유적지를 방문한 적도 있다. 뜨개질을 하기도 하고 감명 깊었던 동화를 주제로 이야기하기도 한다. 때로는

사진 5 ㅣ 섬사마디.
(사진제공: 섬사마디)

사진 6 ㅣ 멤버들 모습.
(사진제공: 섬사마디)

여성들만의 시간을 갖기 위해 아이들을 두고 올 때도 있다. 연말에는 김장품앗이를, 농번기에는 일손돕기를 한다.

회원들은 일상에서 잠시 벗어나 수다를 떨며 남편 흉도 보고, 시댁에서 경험한 생경한 사건, 애 키우는 이야기 등을 공유한다. 모임의 모토는 '주제는 짧게, 하소연은 길게'이다. 하소연을 하다 보면 각자의 외로움, 서러움, 고통 등 힘든 일상이 묻어나온다. 그동안 알지 못했던 서로의 내밀한 일상을 알게 된다. 모임을 통해 혼자가 아님을 실감하며 신체적·정신적으로 건강하게 생활할 수 있는 힘을 얻는다.

4) 완주군: 베트남 자조모임

베트남 자조모임은 2018년 완주군 가족센터와 결합하면서 다수의 여성들을 모으고, 모임의 틀을 갖춰나갔다. 현재는 센터 사업과 무관하게 자발적으로 추진하고 있다. 코로나가 잦아든 후부터 3~4개월에 한 번씩 만났다. 주로 주말을 택하며, 낮과 저녁 중 많이 모이는 시간으로 정한다.

모임 리더인 뉘엔티안은 2008년 결혼과 함께 한국에 들어온 여성으

사진 7 ㅣ 뉘엔티안과 딸.　　　사진 8 ㅣ 디저트를 먹으며 담소를 나누는 회원들.

로, 베트남 결혼이주여성들 사이에서 '왕언니'로 통한다. 멤버들 사이에서 든든한 맏언니 역할을 하고 있다는 얘기다. 모임 장소는 그때그때 다른데, 집에서 모일 경우 왕언니 집에서 모일 때가 많다. 회원이 운영하는 베트남 식당에서 모이기도 한다. 때로는 노래방에 가거나 볼링을 치러 가기도 한다. 통닭, 피자 등을 사서 야유회를 갈 때도 있다. 베트남 어린이날인 6월 1일에는 아이들을 데리고 놀이공원에 가거나, 인근 놀이시설이 있는 시골로 놀러갈 때도 있다. 데려온 아이들이 대여섯, 많게는 열 명이 넘는 때도 있어 아이 돌보는 당번을 정하기도 한다. 모임 때는 해당 기간에 생일이었던 회원들을 위해 생일파티를 열어준다. 모임비와 별개로 매달 1만 원씩 회비를 걷어 통장에 적립하고 있다. 시댁, 친정 등의 애경사, 회원의 임출산, 생일 등에 일정액을 지원한다.

　이 모임이 회원들에게 주는 가장 큰 효과는 한국에서 살면서 받는 크고 작은 어려움을 토로하며 스트레스를 푸는 데 있다. 적립한 돈이 많이 쌓이면 비싸고 맛있는 식당에 가기도 한다. 멤버들은 한국에서 살아가는 이야기를 허심탄회하게 쏟아낸다. 한국에서 살면서 재미있거나 힘든 부분, 자신이 잘하거나 못하는 부분, 육아나 음식 등 온갖 생활 이야기가 오간다. 문화 차이에서 오는 낯선 경험을 토로하면 연륜 있는 선배들이 조언을 해준다. 또한 센터를 통해 일자리 정보를 공유하고, 길을 가다 아르바이트를 구하는 전단지를 보았을 때 일을 찾는 친구에게 전화를 해주기도 한다.

뉘엔티안은 멤버의 얼굴만 봐도 고민이 있는지 없는지를 알 수 있다고 한다. 때로는 센터 담당자를 연결해주어 고민을 해결해주기도 한다. 뉘엔티안이 보람을 느낄 때는 이런 때이다. 그녀는 회원들이 한국에 잘 적응하고, 행복하게 살아가길 꿈꾼다. 서로 힘든 생활을 공유하는 과정에서 난관을 해결할 수 있는 방법을 찾기도 하고, 이야기를 하다 보면 스트레스가 풀리고 한국에서 지낼 힘이 생긴다고 한다.

5) 익산시: 필리핀 '필코맘'

필코맘은 필리핀어학당 엄마들의 모임을 일컫는다. 어학당에 나온 필리핀 엄마들은 센터에 아이를 데려오면서 자연스럽게 서로를 알게 되고, 아이가 수업을 마칠 때까지 함께하는 시간을 갖는다. 이 과정에서 필리핀 엄마들끼리 자조모임이 결성되었고, 이름을 필코맘이라고 지었다. 필코맘이 결성될 수 있었던 데에는 박수진의 역할이 크다.

박수진은 2006년 결혼을 계기로 필리핀에서 익산으로 이주하였다. 2013년경에는 대학원 공부를 위해 수도권(인천)에서 3년여 거주했다. 낮에는 인천다문화가족지원센터에서 일하고, 밤에 학교를 다니며 학위도 마쳤다. 2016년 익산으로 내려온 그녀는 익산시 가족센터에 취직했다. 박수진은 필리핀 이중언어학당 프로그램을 진행하기 위해 필리핀 출신의 여성과 자녀들을 모아 2019년 필리핀어학당을 개설하였다. 필코맘이라는 명칭도 그해에 탄생되었다.

사진 9 | 박수진.
(사진제공: 박수진)

사진 10 | 크리스마스 행사 후 기념촬영.
(사진제공: 익산시가족센터)

필리핀 여성들의 자조모임은 2018년도부터 추진되었다. 주로 필리핀 전통놀이를 한 후, 각자 준비한 필리핀 음식을 나눠먹는 형태였다. 미리 단톡방에 음식이 겹치지 않도록 정한다. 2023년 기준, 필코맘의 멤버는 대략 15명 정도이다. 주로 자녀가 이중언어학당을 다니는 여성들을 중심으로 가동되기 때문에 자녀가 학당을 이수하면 필코맘 활동도 느슨해진다고 한다. 모임 초반에는 평일에 만났으나, 하나둘 아이가 생기고 직장 다니는 이들이 늘어나면서 주말에 만난다. 현재 정기모임은 1년에 4회로 물놀이, 귤 따기, 딸기 따기, 요리체험 등을 한다. 필리핀에서는 크리스마스가 매우 중요하므로, 12월에는 반드시 크리스마스 행사를 진행한다.

박수진은 자녀들, 엄마들이 서로 한데 섞여 즐거운 시간을 보내는 모습만 봐도 흐뭇하다. 그 순간만큼은 필리핀 문화 속에 와 있는 듯한 느낌이다. 남편의 참여율이 높아지고 있다는 점도 고무적이다. 모임에서 필리핀 문화를 이해할 수 있기 때문이다. 기회가 되면 아이들에게 춤을 가르쳐 어울림축제 무대에 올리고 싶다. 필코맘이 아이들의 미래

사진 11 ㅣ 제15회 전라북도 다문화어울림축제 익필단 공연 모습.

사진 12 ㅣ 2023년 공연 연습 모습.
(사진제공: 박수진)

를 여는 데 밝은 빛이 되어줄 수 있기를 희망한다.

6) 익산시: 필리핀 '익필단'

익산시 가족센터에서 일하면서 박수진은 센터 내에 필리핀 공연단이 없다는 것을 알게 되었다. 인천에서 필리핀 공연단이 활발하게 활동하는 모습을 보아온 그녀는 춤추기를 원하는 멤버들을 모아 익필단을 꾸렸다. 멤버는 적게는 대여섯, 많게는 열 명이 넘을 때도 있다. 어울림축제 무대에 몇 명이 서느냐에 따라 달라진다. 익필단 멤버는 필코맘에서 동원된다. 멤버의 연령대는 20대 후반이 가장 많으며, 평균 30대 초반이다. 멤버 중 한 명이 안무 지도를 맡고 있다. 어떤 춤을 출지는 유튜브를 보며 찾는다. 익필단 숫자에 맞게 다시 안무를 수정하고, MR도 편집한다. 의상도 매우 중요하다. 박수진이 샘플을 만든 후 나머지는 익필단 멤버와 센터 직원들이 도와준다. 연습 기간은 의상 준비까지 포함해 2개월여 걸린다. 연습은 주로 센터에서 한다. 때에 따라 공원이나 집에서 하기도 한다.

익필단의 주요 활동은 어울림축제에 참가하는 것이지만, 센터 자체축제인 '다가족사랑축제'나 익산의 글로벌문화관 행사에 참여하고, 다른 지역으로부터 초청을 받아 무대에 서기도 한다. 1년에 평균 서너 차례는 공연을 한다. 강원, 경기, 인천 등 곳곳에서 초청을 받고 있다. 그런데 초청에 선뜻 수락할 수는 없다. 초청비용이 많지 않아 차량 렌탈, 주유비, 밥값 등을 빼고 나면 실제로는 적자이기 때문이다.

박수진은 춤을 추면서 스트레스가 풀리고, 무대에 섰을 때 다른 존재로서의 자신을 경험한다고 한다. 평범한 엄마가 아닌, 진짜 무용가가 된 듯한 느낌이다. 누구의 아내, 누구의 엄마로만 살아오다 춤을 추는 시간은 온전히 나를 위한, 새로운 나의 정체성을 찾는 시간이라는 것이다. 다른 멤버들로부터도 스트레스가 풀린다는 이야기를 자주 듣는다. 어떤 멤버는 익필단의 활동이 나중에 할머니가 되어 곱씹을 수 있는 추억거리가 될 거라고 한다. 경연대회에서 이기는 것을 목표로 삼는 멤버도 있다. 그녀는 익필단이 이길 때 가장 신난다고 한다.

익필단은 2019년 영광군에서 열린 전국다문화가족모국춤페스티벌에서 입상한 후, 2020년 제12회 어울림축제에서 우수상을, 다음해에는 1등을, 2023년에는 대상을 거머쥐었다. 익필단의 춤은 계속 진화해왔다. 실력도 늘고, 의상도 고급스러워졌다. 멤버들은 익필단에서 점점 더 큰 보람을 만끽하고 있다.

7) 순창군: 여럿이 함께 나눔봉사단

여럿이 함께 나눔봉사단(이하 여럿봉사단)은 2022년 순창군 가족센터에 의해 결성되었다. 센터는 2012년부터 몇 년간 봉사활동을 추진했던 적이 있는데, 당시 마을주민뿐만 아니라 여성들의 만족감도 컸기에 2022년부터 봉사단을 재개하였다. 그때는 장애인 시설에서 목욕, 청소 등을 돕는 일을 하였으나 이번에는 미용 분야로 특화했다. 아무래도

 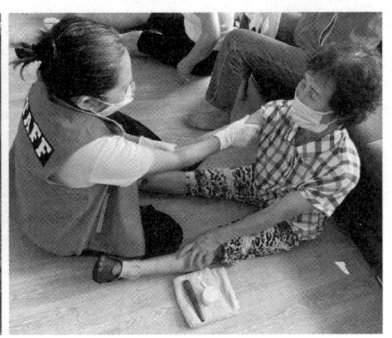

사진 13 ㅣ 봉사단 멤버들.   사진 14 ㅣ 팔마사지하는 모습.

 젊은 세대 여성들이 접근하기 쉽고, 어르신들에게도 색다른 경험을 줄 수 있기 때문이다. 현재 봉사단 멤버는 필리핀, 캄보디아, 몽골 여성으로, 모두 8명이다. 멤버들은 센터를 오랫동안 이용하면서 서로 잘 알고 지내는 사이였다.
 모임은 공식적인 봉사활동과 개인들의 비공식적인 친목 모임으로 나뉜다. 친목 모임은 주로 센터 교육을 받으러 나오는 날 이루어진다. 같이 차를 마시러 가거나 밥을 먹으러 가거나 한다. 그 외 일시적으로 아르바이트를 함께 할 경우, 일을 끝내고 자연스럽게 모임을 갖기도 한다. 8명이 다 같이 모이기는 어렵고 삼삼오오 만난다.
 2023년 봉사활동은 매달 마지막주 일요일 1시에 진행되었다. 센터에서 모여 직원과 함께 마을로 이동한다. 마을회관에 모이는 주민들은 대략 12~15명 정도이다. 미용봉사활동은 오일마사지(팔다리)—팩(얼굴)—매니큐어(손발톱) 순서로 진행된다. 단연 힘든 코스는 마사지다. 체구가 큰 주민일 경우 체력 소모가 크다. 한 여성이 평균 두 명의 주민에게 서비스를 해드린다. 주민 대부분은 70대 이상 고령의 할머니 할아버지로, 서비스를 받는 분들은 90퍼센트 이상이 할머니들이다. 미용

봉사 이후에는 주민들과 다과를 먹으며 담소를 나눈다. 5월 어버이날이 있는 달에는 카네이션을 달아드리고, 풍성하게 다과를 대접했다.

결혼이주여성 자조모임의 특성 및 함의

첫째, 국적별 자조모임의 경우, 센터와 결합 전에도 서로 관계를 형성·유지하고 있었던 것으로 파악된다. 무주는 위챗, 카톡 등으로 채팅방을 만들어 교류를 해왔고, 완주 베트남 여성들도 완주 센터와 결합하기 전부터 그들끼리 만나서 음식도 해 먹고, 친목 모임을 가졌다. 남원 캄보디아 모임도 마찬가지다.

결혼이주여성이 한국에 와서 정착한 지 상당한 시간이 흘렀다는 것은 이미 오래전부터 서로 알고 지내며 교류를 맺고, 정보를 주고받고 있었음을 말해준다. 비록 자조모임이라는 조직적 틀은 아니었을지라도 말이다. 섬사마디의 사적 모임인 '10만원빵 모임'이 전형적인 예이다. 현재 9명의 멤버들은 2007년부터 만나왔으며, 3~4년 전부터 적금을 부어 목돈으로 배분하거나 여행을 가는 등 친목 모임을 이어오고 있다. 센터의 자조모임 프로그램이 폐지되거나 변경된다 하더라도 여성들의 모임은 이어질 것으로 전망된다.

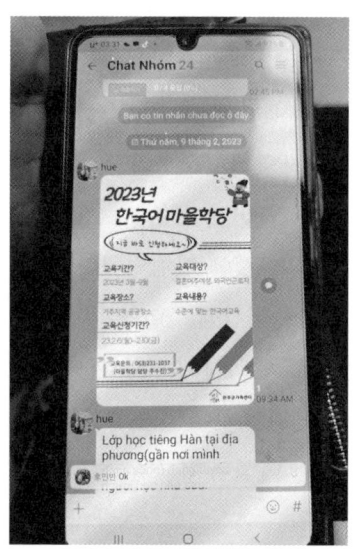

사진 15 | 뉴엔티안의 베트남 모임 톡방.

사진 16 ǀ 2023년 제15회 전라북도 다문화어울림축제에 참여한 익필단 멤버들. (사진제공: 박수진)

사진 17 ǀ 여럿봉사단 멤버들의 모습. (사진제공: 순창군가족센터)

둘째, 센터 자조모임은 이주여성들의 욕구 실현의 장으로 기능하고 있다. 레인보우, 익필단, 여럿봉사단 등 특수한 목적을 띠고 조직된 경우는 더욱 그러하다. 레인보우는 악기연주, 공연과 같은 음악적 욕구를 지닌 이들에게 활력을 제공한다. 춤으로 뭉친 익필단도 마찬가지이다. 여럿봉사단의 욕구도 매우 명확하다. 서비스의 수혜자에서 서비스를 제공하는 지역민의 주체로 서고자 하는 그녀들은 순창이라는 지역사회에서뿐만 아니라 타지역, 장기적으로는 해외 모국에서 봉사할 수 있는 기회를 갖길 희망한다.

국적별 모임 리더들은 센터의 자조모임 프로그램을 바탕으로 실현하고 싶은 욕구를 들려주었다. 남원 캄보디아 모임의 섬사마디는 미래의 40대를 생각하며 자격증을 취득한다든지, 책읽기 모임을 하면서 성장할 수 있는 활동 프로그램을 구상하고 있다. 무주 중국 모임의 왕서유도 자조모임을 스스로를 위한 투자의 시간으로 만들고 싶다고 했다. 그녀는 내면의 힘을 키우는 심리치료 프로그램과 역사문화탐방 프로그램을 예로 들었다.

셋째, 자조모임은 친밀과 돌봄의 커뮤니티라는 점이다. 자조모임은

'서로돌봄'을 실행하는 돌봄공동체의 성격을 띤다. 이 서로돌봄은 정서적·물질적 측면 모두에서 이루어진다. 생활하면서 겪는 스트레스를 날리고, 어려움에 처한 멤버의 일상을 챙기며, 멤버들은 자조모임 안에서 상호의존의 존재, 관계적 존재가 된다. 이러한 돌봄공동체를 떠받드는 기제는 멤버들 간의 친밀성이다. 비록 자조모임은 센터 사업과 결합되어 작동하지만, 사적인 친목 모임으로도 기능하고 있다.

  나는 모임의 리더와 인터뷰를 하면서 그들이 모임 안에 긴장이나 갈등이 생기지 않도록 무척 힘을 쓰고 있다는 것을 감지했다. 섬사마디는 멤버들 간에 오해가 발생하면 솔직하게 털어놓는 분위기를 조성하여 상황이 악화되지 않도록 노력한다고 했다. 박수진도 익필단의 연습과정이 마냥 평화로운 것만은 아니지만, 서로를 배려하면서 멤버들이 한 명도 이탈하지 않고 끝까지 함께 무대에 서는 것을 가장 중요하게 여긴다고 했다. 뉴엔티안도 멤버들 간에 의견이 상반될 때, 한쪽 의견을 지지하기보다 각각의 의견을 번갈아가며 실행해보는 쪽으로 한다고 말했다. 멤버들은 모임에서 축적된 우정을 소중히 간직하면서, 갈등이 일지 않도록 서로를 배려하고 친밀한 관계를 이어가려는 노력을 기울였다. 멤버들에게 자조모임은 돌봄공동체이자 배려와 우정의 친밀공동체라 할 수 있다.

글을 맺으며

다양성은 두 가지 의미를 지닌다. 모든 존재들이 특별하거나 아니면 특별하지 않거나. 여러 존재들 속에 몇몇 존재가 눈에 띈다는 것은 시선들로부터 자유롭지 못하다는 것이다. 다문화사회의 이상은 사실 모든 존재를 특별하지 않은 존재로 인식될 때라야 달성될 수 있다. 존재에 대한 시선이 사라지는 것이다. 우리는 종종 말한다. 사람 사는 건 어디든 똑같다고. 결혼이주여성이라고 다를 바 없다. 마을회관에서 미용봉사를 하는 여성들은 한국의 자원봉사센터에서 나온 주부 활동가들의 모습 같았다. 레인보우 활동은 수많은 생활문화동호회의 하나였다. 모인 회비를 어떻게 사용할 것인지를 놓고 진지한 이야기를 나누는 여성들의 모습은 영락없는 나의 계모임 풍경이었다. 육아와 직장을 병행하며 고군분투하는 여성들의 일상은 전형적인 워킹맘과 다르지 않았다. 다양성이 실현되는 사회는 장애가, 동성애가, 피부색이 특별할 게 없는 것, 그것에 시선을 두지 않는 것을 뜻한다. 이번에 만난 결혼이주여성의 자조모임도 그랬다. 평범한 우리 이웃들의 일상의 풍경이었다.

2023년 1년 여 나는 틈틈이 가족센터를 방문하고, 결혼이주여성을 만나고, 여성들이 모여 있는 현장을 찾으며 전라북도 여러 곳을 누비고 다녔다. 현지조사는 무척 즐거웠으며, 그곳에서 만난 결혼이주여성들은 내게 다양한 감동을 선사했다. 다문화어울림축제 현장에서 익산 익필단 여성들의 생기 넘치는 활력과 에너지에 압도되기도 하고, 순창 캄보디아 여성이 운영하는 하이디 옷가게에서, 그리고 완주 베트남 여성의 집에서 먹은 음식이 너무 맛있어서 몇 접시를 먹었는지 모르겠다. 무엇보다도 그녀들의 한국어 실력에 감탄하지 않을 수 없었다. 인터뷰를 할 때마다 '한국말을 어떻게 저렇게 잘할 수 있을까'라며 매번 놀랐다. 단순한 정보 전달이 아닌, 느낌과 맥락이 잘 드러나도록 이야기하고 있었다. 섬사마디와 박수진은 초고를 보고 수정할 부분도 일러주었다.

나는 국립민속박물관의 '우리 안의 다문화' 프로젝트에 합류하면서 곧바로 결혼이주여성 커뮤니티를 주제로 조사해야겠다고 마음먹었다. 젠더 연구자이기도 했고, 최근에는 공동체에 관심을 갖고 연구해 온 터였다. 처음에는 이주여성들이 자발적으로 모임을 꾸려가고 있는 현장을 찾고 싶었으나 쉽지 않았다. 곧바로 가족센터 문을 두드렸다. 가족센터 관계자는 조건 없는 환대로 나를 맞아주었다. 자조모임 현황에 관한 내용도 소상하게 들려주고, 요청한 추가 자료도 귀찮아하지 않고 보내주었다. 물론 가족센터에 기대지 않고 모임을 꾸려가는 커뮤니티를 조사하지 못한 것은 아쉬운 부분이다. 좀 더 발품을 파는 노력을 했더라면 찾을 수 있었을지도 모르겠다. 가족센터의 도움닫기로 작동하는 자조모임과 그렇지 않은 자조모임은 어떤 차이를 보일지 몹시 궁금하다. 추후 다시 연구해볼 예정이다. 『마을』에 후속 원고를 실을 수 있기를 기대해본다.

참고문헌

여성가족부, 『2021년 전국다문화가족실태조사』, 2022.

이주연·이동기·최지훈, 『전라북도 다문화가족정책 개선방안 : 사회통합 증진을 중심으로』, 전북연구원, 2019.

공존과 공영의
다문화교육

김선애
장곡초등학교 교사

인구구조의 변화로 저출생·초고령화 사회로 접어들면서 인구절벽 현상이 가속화되는 요즘 2023년 7월 통계청의 '인구주택총조사' 결과에 따르면 인구수가 2022년보다 0.2퍼센트 증가했다. 총인구수 증가의 원인은 외국인 인구의 증가였다. 구체적으로 살펴보면, 2014년 약 6만 8,000명이던 초중고에 재학 중인 이주배경 학생은 2023년 약 18만 1,000명으로 빠르게 증가하고 있고, 이주배경 학생 중 외국인 학생은 약 8.6배로 증가했다고 한다. 이러한 사회변화 속에서 학교는 여전히 '우리나라', '우리 학교', '우리 엄마' 등 '우리'라는 단어를 일상생활과 수업에서 많이 사용한다. 이는 은연중에 단일민족을 강조하여 '다문화'라고 하면 외국인을 떠올리며 나와 관련이 없다고 여기는 가치와 태도를 길러주고 있는 건 아닐까? 이에 학교교육에서 이루어지고 있는 다문화교육의 현실과 앞으로 나아가야 할 방향에 대해 교사의 시선으로 바라보고자 한다.

용어의 고민

매년 '다문화교육', '다문화이해교육'을 교육과정에 반영하고, 연간 15차시 이상 다문화 관련 연수를 이수해야 하는 의무를 부여받고 있지만, '다문화'라는 용어에 대해 깊게 고민한 적이 없다. 우리가 흔히 사용하는 '다문화'라는 용어는 과연 적절할까? "언어가 인식을 규정한다"는 말이 있다. 내가 만나는 아이들에게 "다문화가 뭐야?"라고 물어보면 엄마가 한국인이 아니라 외국인인 친구라고 답한다. '다문화' 하면 외국인을 떠올리고 동남아를 떠올리는 것이 교실의 흔한 모습이다.

이처럼 차이를 가지고 차별하는 사회문제를 해결하기 위해 2023년 6월 대통령 직속 국민통합위원회 산하 '이주민과의 동행 특별위원회'에서는 포용과 통합을 위해 한국으로 이주한 외국인 또는 귀화자와 부모 세대가 한국으로 이주한 경험이 있는 사람을 '이주배경 주민'으로 명하였고, 교육부 역시 '다문화', '다문화학생'이라는 명칭보다는 결혼이민자 가정, 외국인 노동자 가정, 재외동포 가정, 탈북자 가정, 난민 가정처럼 이민이라는 배경을 가진 모든 가정을 포함하는 '이주배경', '이주배경 학생'이라는 용어로 점차 통일해나갈 예정이라고 말했다. 이에 따라 이 글에서는 '다문화', '다문화 학생'이라는 용어 대신 '이주배경', '이주배경 학생'이라는 용어로 대체하여 사용하고자 한다.

이주배경 학생의 증가

충청남도 이주배경 학생 수는 최근 5년간 지속적으로 증가하였으며 2023년에는 초중고 이주배경 학생이 1만 2,951명으로 전체 학생 대비

5.4퍼센트를 차지하였다. 지역별로는 산업단지가 많은 천안, 아산에 가장 많이 재학하고 있으며 전체 학생 대비 이주배경 학생 비율은 청양과 금산이 높게 나타났다. 아산에 있는 신창초등학교의 경우 전체 학생 수 438명 중 이주배경 학생이 296명으로 전체의 67퍼센트를 차지한다.

유형별로 살펴보면 국내출생, 중도입국, 외국인 학생들이 꾸준히 증가하고 있으며 최근 중도입국, 외국인 학생의 증가세가 뚜렷하게 나타나고 있다.

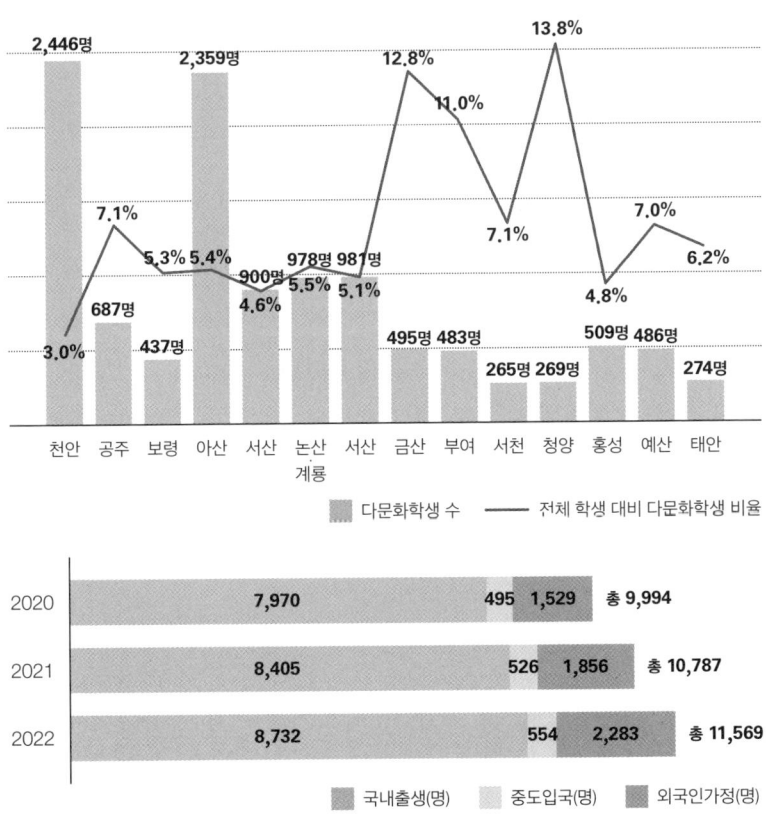

출처 : 2023학년도 충남 다문화교육 추진 계획.

이주배경 학생들이 겪는 어려움

이주배경 학생들이 겪는 어려움은 이주배경 학생 유형에 따라 조금씩 다르다. 한국인과 결혼이민자 사이에서 태어나 한국에서 성장한 국내 출생 학생들은 한국어 구사에는 어려움이 없으나 학습에 필요한 문장이나 어휘를 이해하는 데 곤란을 겪는다. 중도입국 학생들은 새로운 가족과 한국 문화에 적응하기 위한 스트레스가 발생하며, 정체성 혼란이나 무기력 등을 경험하는 경우가 많고, 외국인 가정의 학생은 정주 여건이 불안정하여 학업을 지속하는 데 어려움을 겪는다고 한다.

'2021년 여성가족부 전국다문화가족실태조사'에 따르면 이주배경 학생들은 다음의 이유로 학교에 잘 적응하지 못하고 있다. 가장 큰 이유는 학교 공부가 어려워서(63.6%)이고 다음은 친구들과 잘 어울리지 못해서(55.4%), 한국어를 잘하지 못해서(7.5%), 부모의 관심, 경제적 지원 부족(7.5%) 순으로 나타났다. 대다수의 외국인 어머니는 한국어가 어눌하다. 어눌한 한국어로 자녀를 양육하면 자녀의 한국어도 어눌해지기 쉽다. 뇌 활동이 민감한 영아기에 어눌한 언어가 입력되면 어눌한 언어가 출력되는 것이 자연스러운 일이다. 이러한 언어 문제는 학업으로 이어지기 때문에 학교생활의 어려움의 이유로 학교 공부가 이야기되는 것은 어쩌면 당연한 결과이겠다.

다문화교육의 현주소

이주배경 학생들이 학교생활에 적응하지 못하는 문제를 해결하기 위해 교육청에서는 이주배경 학생들에게 한국어 교육비를 지원하고, '다국어 소리펜'을 활용한 한국어교육 교재를 보급하며, 이주배경 학생 밀집지역에는 한국어 학급을 설치하여 교과수업 중심 한국어 학습을 지원하고 있다. 하지만 이러한 이유로 다문화교육이 교육적 평등을 지향하는 '모두를 위한' 교육이 아닌, 이주배경 학생들에게 한국어를 가르치고 기초학력을 신장시키는 것으로 인식되고 있다.

또한, 학교에서는 5월 20일 세계인의 날 즈음이 되면 다문화교육주간을 운영한다. 다문화교육주간의 운영 목적은 학생들이 문화적 차이를 수용하고 이해하며 조화롭게 생활할 수 있는 민주시민으로 성장하도록 하기 위함이지만, 활동 내용을 살펴보면 일본, 베트남, 필리핀의 전통의상을 입어보고 전통놀이를 체험하거나 전통음식을 만들어 먹는 식이다. 아이들이 즐겁게 참여하고 재미있어하긴 하지만 이 활동으로 민주시민으로서의 인식과 태도를 가지게 될지는 의문이다.

마지막으로 이주배경 학생을 도와줘야 하는 대상으로 바라본다는 것이다. 이러한 인식에서부터 차별이 있기에 이주배경 학생들이 학교에 적응하기 힘들어하는 건 아닐까?

교사의 어려움

이주배경 학생들이 학교생활의 어려움으로 학교 공부가 어려워서, 친구들과 잘 어울리지 못해서, 한국어를 잘하지 못해서, 부모의 관심, 경제적 지원이 부족해서라고 답했다면, 이 아이들을 가르치는 교사의 어려움은 '소통'이다. 학생들의 인격 성장에 매우 중요한 학생상담을 위해 학기 초에 대면 혹은 전화상담을 요청해도 부모의 답변을 얻기가 쉽지 않다. 어렵게 통화가 되어도 소통이라는 장벽에 부딪혀 학생 성장에 대해 깊이 있는 대화는 하지 못하고 표면적인 대화만 오가기 일쑤이다.

이주배경 학생과의 대화도 마찬가지다. 자기 생각을 말하기 어려워하고 작업기억(정보들을 일시적으로 보유하고, 각종 인지적 과정을 계획하고 순서 지으며 실제로 수행하는 작업장으로서의 기능을 수행하는 단기적 기억)의 힘이 부족하여 반복적이고 지속적으로 확인하고 지도해야 하는 어려움이 있다. 또한 가정에서 과제 확인과 해결이 어려워 점심시간이나 쉬는 시간에 시간을 내어 지도해야 하기 때문에 교사에게 업무 부담이 생긴다.

최근에 방글라데시에서 온 외국인 자녀가 학교에 입학했다. 무슬림인 이 아이는 돼지고기를 먹지 않는다. 그래서 영양사 선생님은 이 아이를 위한 급식을 별도로 준비한다. 체험학습을 가서 매식할 때에도 이 학생의 식사를 위해 신경 써서 준비해야 한다.

농촌에 전학 온 이주배경 학생

내가 근무하고 있는 학교는 충남 홍성 남쪽 끝자락에 위치한 전교생이 32명인 작은 학교다. 매년 3월이면 선물꾸러미를 챙겨서 예비 신입생을 찾아 가정방문을 다닌다. 학교 위치가 홍성읍, 홍북읍에서 멀기 때문에 읍에서 신입생을 유치하기는 어렵다. 그럼에도 매년 학교를 홍보하고 선물꾸러미를 가지고 인근 지역을 돌아다닌다.

2024년 3월, 옥계리에 사는 이주배경 학생 보호자로부터 방글라데시에서 가족들이 이사를 왔는데 아이가 있다는 소식을 듣고, 학부모회장님, 교무부장님이 가정방문을 다녀왔다. 외국인 가정이기 때문에 한국어를 읽고 쓰는 것은 물론 말하는 것도 어려웠고, 무엇보다 종교적 특성으로 돼지고기를 먹지 않는 상황이었다. 당장 급식부터 걱정이었다. 학교에서는 '한 아이를 위한 한자리 교사 협의회'를 열었다. 지역아동센터장, 영양교사, 보건교사, 담임교사가 협의회에 참여하여 다각적인 지원을 고민했다. 학교에서는 우선 입학식 전에 이주배경 학생을 학교에 초대하여 1학년 담임선생님과 학교를 둘러보고, 함께 밥을 먹고, 놀이활동을 하면서 학생이 새로운 환경에 적응할 수 있도록 돕기로 했다.

그런데 지난 6월 위기가 찾아왔다. 이 학생이 청양으로 전학을 간다는 것이었다. 왜 전학을 가는지 궁금해서 아버님과 통화를 해보았지만, 전화로는 소통이 어려웠다. 그래서 학부모회장님, 운영위원회 위원장님과 함께 방문하였다. 몸짓, 번역기, 간단한 한국어, 의사소통할 수 있는 수단을 총동원하여 이야기 나눠본 결과 집 내부가 추위와 벌레에 취약하여 청양의 다른 집으로 이사를 간다는 것이었다. 이번에는 옥계리 이장님, 운영위원장님, 학교 선생님, 부모님과 '한 아이를 위한 한자리 협의회'를 열었다. 가장 시급한 문제를 찾고 해결 방안을 모색한 결과 마을에서 이주배경 학생의 집을 수리해줄 수 있었다.

왜 이렇게 열심일까? 농촌지역은 한 아이 한 아이가 귀하고 소중한 존재이다. 30명 미만이면 적정규모사업 대상교가 되어 통폐합 절차가 진행된다. 학교가 사라지면 마을은 어떻게 될까? 또 헌법에서 보장하고 있는 아이들의 이동권은? 이런 이유로 이주배경 학생들이 장곡으로 이사 온다는 소식이 반갑다.

농촌에서 태어난 국내출생 이주배경 학생

나는 2024년 학생 수 4명인 학년을 맡았고 그 가운데 2명이 국내출생 이주배경 학생이다. 이 학생들은 한국에서 태어나 자랐기 때문에 학교생활을 잘하고 있다고 여겨지지만, 실상을 들여다보면 꼭 그렇지만도 않다. 올해 이 아이들의 학교생활과 친구관계를 위해 다음과 같은 활동을 지원했다.

기본 언어소양과 사고도구어 이해가 부족하여 교과서 읽고 이해하기를 어려워하고, 친구들에게 자신의 감정을 표현하기를 어려워하는 학생들을 위해 홍성이중언어말하기 대회에 나갔다. 이를 통해 이주배경 학생의 엄마와 소통의 기회를 마련해주었고, 엄마의 언어로 대화하며 심리정서적으로 안정을 이루도록 했다. 이로 인해 자긍심이 고취되어 작은 일에도 눈물을 보이던 문제행동이 사라지고 자신감이 향상되었다.

그리고 이주배경 가정과의 라포 형성을 위해 가정방문을 하고 일상 대화를 나누며 내적 친밀감을 쌓아나갔다. 이후 학급 다모임 활동에 초대하여 같은 반 학생 보호자들과 관계 맺는 활동으로 소통하고 서로 연결되는 기회를 지속적으로 마련하였다.

또 지자체와 연결하여 상담을 진행하고 있다. 한국어 발음이 부정확하여 친구들과의 관계에서 자존감이 낮은 아이를 위해 지역연계 상담센터에 의뢰하여 일주일에 한 번 학교로 상담선생님이 오신다. 아이는 상담 활동으로 자신의 감정을 알아차리고 갈등을 조절하는 능력이 향상되어 학급 생활에 잘 적응하고 있다.

함께 잘 사는 사회

다양성이 존중받는 사회를 위해서는 제도적 보완이 반드시 이루어져야겠지만 큰 변화의 시작은 더 나은 미래를 꿈꾸는 작은 개인들의 용기에서부터 시작된다고 생각한다. 학교, 마을, 지역사회에서 할 수 있는 일부터 찾아 차근차근 해나가야 한다. 학교에서는 보다 포괄적인 개념인 상호존중으로 접근하는 교육이 이뤄져야 한다. 이주배경 학생들의 자존감과 정체성을 강화하고 이주배경 학생들만의 선택적 교육이 아닌 모든 학생들의 상호존중, 문화이해로 민주시민으로 성장할 수 있도록 노력해야 한다.

마을에서는 이주배경 학생들이 공동체 안에서 생활할 수 있도록 관심을 가지고 필요한 지원을 해야 하며, 지역사회에서는 정주여건을 마련해주어 이주배경 가정이 마을에 잘 정착하여 살아갈 수 있도록 도와야 한다. 민·관·학의 협력적 지원체계를 마련하여 '우리'가 '모두'가 될 수 있는 문화를 만들어 함께 잘 사는 사회를 위해 한 발짝 다가서야겠다.

참고문헌

「이주배경학생 인재양성 지원방안」, 교육부, 2023.

장한업, 『다문화사회 대한민국 : 대한민국 아이들에게 무엇을 가르쳐야 할까?』, 아날로그, 2023.

「2024 충남 다문화교육 추진계획」, 충청남도교육청, 2024.

『대한민국 교육트렌드 2025』, 에듀니티, 2024.

내가 만난 농촌의
다문화가족 아이들

이성희
필리아가든 대표

이주배경 가족의 가정 환경이 아이들에게 미치는 영향

처음부터 내가 운영하는 사회적 농업 농장의 주 대상자가 다문화가족 아이들은 아니었다. 다문화가족 아이들에게 돌봄이 필요하다는 인식이 있었던 것도 아니었다. 나는 도시에 살다 귀농을 했고 농촌 사정을 잘 알지도 못했기에 지역에 이주민이 많다는 사실도 전혀 몰랐다. 치유농업을 공부하며 도움이 필요한 사람들에게 사회적 역할을 해야겠다는 생각을 했고 대학에서 아동교육을 전공했기 때문에 아이들과 농장에서 할 수 있는 프로그램을 고민했다.

가장 먼저 찾아간 곳이 지역아동센터였다. 학교 정규교육이 끝나고 방과 후 돌봄을 운영하는 기관과 협력하여 대상 아이들을 선정하기 위해서였다. 작은 교회에서 운영하는 '하늘꿈교실 지역아동센터'는 취약계층, 농업인 자녀, 한부모 가정 등 경제적으로 어려운 환경에 있거나 아이들을 돌보기 힘든 부모님을 대신하여 방과 후에 아이들을 돌봐주는 기관이다. 나는 그곳을 운영하는 목사님과 교사들을 만나 농장에서 아이들을 돌보는 프로그램을 운영하고 싶다고 했고 농업 활동 외에도 다양한 문화예술 프로그램을 운영한다고 소개했다. 처음에 사회적 농업의 개념을 모르는 담당자들은 매우 신기해하는 반응이었고 아이들이 농사를 직접 경험하는 프로그램은 정서적으로 좋은 교육이 될 것이라며 적극적으로 협조해주셨다.

2022년 가을 필리아가든 농장에 8명의 아이들이 찾아왔다. 나는 천진난만하고 귀여운 아이들을 만나 농장에서 채소도 가꾸고 그림도 그리면서 미래의 꿈나무 아이들과 행복한 시간을 보낼 것을 상상하며 기대에 부풀어 가슴이 뛰기까지 했다. 그러나 아이들의 모습은 나의 예상과 달리 표정이 어두웠고 대답도 잘 안 하는 등 아이들만의 밝고 명랑함을 찾기 어려웠다. 아이들과 즐거운 시간을 보내고 싶어 미소를 지으며 설명하고 활동을 진행해도 아이들의 반응은 시큰둥했다. 나의 이야기는 들을 생각이 없고 왜 농장에 왔는지만 궁금해할 뿐이었다.

"나라가 어디예요?"

7살 민수가 나에게 한 첫 질문이었다. 지금 이곳이 어느 나라인지를 묻는 건지 아니면 우리나라를 대한민국이라고 불러야 하는 건지, 아니면 한국이라고 말해야 하는 건지 정확하게 이해하지 못한 나는 다시 민수에게 되물어야 했다.

" 금산? 여기? … 우리나라 이름이 뭐냐고?"

그제서야 아이들과 함께 온 지역아동센터 선생님이 내가 어느 나라 사람이냐고 묻는 것이라고 해석을 해주었다. 민수의 엄마는 결혼이주여성이었다. 민수뿐만 아니라 농장에 온 아이들의 반 이상이 엄마가 결혼이주여성이라는 사실을 알게 되었고 시간이 지나서야 이국적인 얼굴과 어눌한 말투가 눈에 보이기 시작했다. 농촌에 워낙 젊은 사람이 없고, 젊은 여성 대부분은 외국에서 한국으로 결혼과 함께 이주한 여성들이었기 때문에 아이들 눈에 베트남이나 필리핀 어딘가에서 시집 온 엄마 또래라고 생각하여 어느 나라에서 왔냐고 물은 것이었다. 당시에 나를 베트남에서 온 여자라고 생각했다는 것에 한참을 웃었지만 그만큼 금산에는 결혼이주여성이 많았다. 물론 그런 이유로 사회적 농업의 주 대상자를 다문화가족 아이들로 정한 것은 아니었지만 지역 아동센터에 다문화가족 아이들이 많았기 때문에 자연스럽게 주 대상자가 되었다.

대학에서 아동교육을 전공했기에 아이들을 대상으로 하는 교육이나 활동은 자신 있다고 생각했지만 이 아이들과 활동하는 것은 쉬운 일이 아니었다. 프로그램을 시작한 지 몇 분도 안 되어 싸움이 일어나고 말하는 몇 마디의 대부분은 욕이었다. 물건을 집어던지거나 활동에 사용되는 문구류를 파손하는 일이 빈번하게 일어났다. 욕하는 것을 혼내고, 싸움을 말리다 보니 계획된 활동은 제대로 이루어지지 못하고 나는 지쳐만 갔다. 공격적이고 말썽만 피우는 아이들을 계속 돌봐야 할지 진지하게 고민을 해야 할 정도였다. 아이들의 문제행동은 이미 고착화되어 있었고 어른의 훈육에 반성하거나 행동을 고치려고 하는 노력이 없었다. 자신의 행동이 무엇이 문제이고 어떻게 고쳐야 하는지 진지하게 알려주고 스스로 깨닫게 해주는 경험이 없는 것 같았다.

나는 야단 치고 혼내는 것으로는 아이들의 행동이 달라지지 않는다는 것을 깨달았다. 화를 내고 혼낼 때면 그때뿐이고 무섭게 훈육을 해봤자 아이들은 더 말을 듣지 않았다. 아이들의 거친 행동과 공격적인 성향이 어디서부터 시작되었는지 알아야겠다는 생각이 들었다. 그래서 대화를 시작했다. 아이들의 생활환경과 가족들과의 관계는 어떤지, 학교에서 친구들과 어떻게 지내는지 물어보았다. 문제행동은 일상생활과 연관이 있을 것이라는 추측이 들었기 때문이다. 수치심, 모멸감 등 분노의 감정을 일으키는 어떠한 상황을 겪었을 가능성이 있을 것이라 여겼다.

 농촌의 다문화가족은 외국 여성이 한국인과 결혼을 하며 가정을 이룬 경우가 대부분이다. 한국 여성들이 농촌의 남성과 결혼을 기피하다 보니 전문업체를 통한 결혼이주가 많아지고 다문화가족이 늘어나게 된 것이다. 금산의 경우 베트남, 필리핀, 태국, 중국 등 아시아 계열의 이주여성들이 많다.

 다문화가족이 늘었지만 현실에서 이들을 바라보는 시각은 부정적이다. 농촌에 사는 남자들이 비용을 지불하고 신부를 맞이하는 것을 부정적으로 보는 이유는 배우자들이 대부분 가난한 나라에서 왔고 경제적인 문제를 해결하기 위해 결혼을 선택했기 때문인 것 같다. 남녀가 서로 순수하게 사랑으로 만나 가정을 꾸린 것이 아니라는 것이다. 농촌의 다문화가족이 만들어지는 과정을 부정적으로 바라보고 있으니 그들의 자녀들을 편견의 시선으로 바라보는 것은 어쩌면 당연한지도 모르겠다. 또한 결혼이주여성들이 한국에서 돈을 벌어 본국의 가족에게 보내는 것도 부정적으로 보고 있었다.

 결혼이주여성들도 사회적으로 어려움이 많다. 대부분 배우자와 나이 차가 많이 나고 문화의 차이와 소통의 어려움으로 인해 갈등이 있는 경우가 많다. 때로는 아이가 어머니를 무시하거나 함부로 행동하는 경우가 있고 폭력을 행사하기도 했다. 아버지가 어머니를 대하는 태도와 어머니의 사회적 역할이 아이들의 정서와 성격에 영향을 끼쳤을 것이라 예상된다.

 실제로 결혼이주여성들이 늦은 시간까지 농장에서 일을 하느라 아이들을 돌보는 시간이 절대적으로 부족하기도 하지만, 더 큰 문제는 이들의 아이들을 편견으로 바라보고 거리를 두는 사람들이 있다는 사실이다. 부모가 다문화가족을 부정적으로 보는데 아이들이 학교에서 다문화가족 아이들과 사이좋게 지내기를 기대하기는 어렵다. 아이들도 부모와 같이 다문화가족 아이들을 같은 친구로 받아들이지 않고 무시하는 행동을 보였을 것이라 추측된다.

농장에 오는 아이들의 인솔 교사들은 사회복지사나 생활복지사 자격을 가진 선생님들이 많은데, 이들의 업무 중 하나가 아이들의 생활 상담이다. 아이들과 상담하다 보면 학교에서 친해지고 싶은 친구들이 있어도 자신을 멀리하는 것 같아 다가가기가 힘들다고 고민을 털어놓는 경우가 많다고 한다. 다문화가족 아이들은 생활에서 보이지 않는 경계로 인해 정상적으로 관계 맺고 소통하는 것이 어려움을 실생활에서 경험하는 것이다.

한국어와 한국 문화에 익숙하지 않은데다 낯선 생활환경은 이주여성들에게 힘든 일이었을 것이다. 장시간의 노동과 가사일 때문에 육아에 집중하기 힘들었을 수도 있다. 아이들은 어린 시절 엄마와의 관계로 사회성을 배우고 언어를 깨우치지만 다문화가족 아이들에게는 충분한 양육 환경이 조성되기 어려운 경우가 많았을 것이다. 그래서 한글을 늦게 깨우치고 어릴 때부터 조기교육을 받는 아이들에 비해 학습 능력이 떨어질 수밖에 없는 것 같다. 일반적인 엄마라면 자녀의 학교생활과 학습에 대한 관심이 많고 부족한 점을 학교나 교사들과 상의하여 개선하려는 태도를 보이는데, 이주민 엄마의 경우 그러한 대응이 어렵다. 이런 열악한 현실이 아이들의 발달 과정에 영향을 끼치고 문제행동으로 이어지는 것 같았다.

이주배경 아동을 다문화로 부르는 것

연아는 나무액자에 그림을 그리고 색칠하면서 친구들이 자신을 다문화라고 불렀을 때 슬펐다고 했다. 언어는 의도치 않은 폭력이 될 수 있다. 우리가 흔히 부르는 취약계층, 기초생활수급자 등 경제적인 어려움을 겪고 있는 대상에게 지칭하는 단순한 단어에도 당사자의 마음을 아프게 할 수 있는 폭력성이 내포될 수 있다는 사실을 인식하지 못하는 경우가 많다. 다문화가족 아이들이 자신을 다문화라 부르는 것에 상처를 받는다는 말은 이미 사람들이 다문화가족을 어떻게 바라보는지 알고 있다는 뜻이고 자신이 다문화가족이라는 것을 부정하고 싶다는 뜻이기도 하다. 아직 열 살도 되지 않은 어린 여자아이가 자신의 정체성에 대해 부정할 수밖에 없다는 것이 참으로 안타까웠다.

어쩌면 다문화가족 아이들의 문제행동은 사회의 책임일 수도 있다는 생각이 들었다. 어린 시절 부모를 통해 사랑을 배우고 친구 관계를 통해 사회성을 배우며 자라야 하는데, 외부의 편견으로 인해 아무런 잘못 없이 배제되는 차별의 상황에 놓이는 것이다.

농장에서 이런 아이들과 만나면서 아이들이 화가 났을 때 감정조절이 되지 않고 공격적으로 분노를 표출한다는 것을 알게 되었다. 자신의 주장이나 의견을 정확하게 표현할 수 있는 어휘력을 갖추지 못했기 때문에 화나고 억울할 때 물리적인 방식으로 표현하는 것은 본능적인 방어라고도 볼 수 있다. 폭력을 사용하면 어른에게는 혼나지만 자신을 놀리는 또래는 제압할 수 있음을 스스로 터득한 것이다. 혼나더라도 자신의 억울함을 해소하고 싶은 마음도 있었을 것이다.

농장에서 주먹질이 난무할 때 싸운 이유를 물어보면 대부분 놀림받거나 무시당했다고 여기는 경우이다. 문제행동이 발생했을 때에는 누가 먼저 때렸는지가 중요한 게 아니라 왜 놀렸는지, 무시하는 태도가 무엇이 잘못인지를 분명히 알게 해줘야 한다. 싸움이라는 현상만 봐서는 문제행동이 교정되지 않는다. 때로는 피해자임에도 어디에 하소연하지 못하는 경우가 많이 발생한다. 잘못한 아이에게는 잘못을 알려주어야 하지만 이 아이들을 지켜줄 보호막도 필요하다. 그러나 이 아이들을 보호해줄 어른은 절대적으로 부족하다.

나는 어린 시절 한동네 사는 친구와 많이 싸웠는데, 그 친구는 싸움에서 질 것 같으면 엄마에게 달려가서 고자질을 하고 나는 그애 엄마에게 혼이 났다. 엄마라는 든든한 지원군이 있는 그애는 무슨 일이 있으면 엄마를 찾았고, 친구들 사이에서도 자신감이 넘쳤다. 당시 내 편이 되어줄 우리 엄마는 직장에 있었고, 교사였던 엄마는 싸우는 행동은 무조건 잘못이라며 나에게도 잘못이 있다는 이유로 아이의 슬픔을 위로해주지 않아 억울하고 외로웠던 기억이 있다.

어린아이에게 엄마는 자신감과 든든함을 주는 존재이다. 힘들고 어려운 일이 있을 때 내 편이 되어주고 위로해주는, 세상을 살아가며 의지할 수 있는 중요한 존재이다. 다문화가족 아이들은 충분한 양육을 받지 못하는 상황에서 부당하고 불평등한 대우를 받아도 자기편이 되어줄 어른이 없다는 상심으로 인해 큰 상처가 되었을 것이다.

농장 선생님인 내가 다문화가족 아이들의 엄마 자리를 대신해줄 수는 없지만 마음의 빈자리를 조금이나마 채워줄 수 있을 것이라는 생각이 들었다. 프로그램을 운영할 때 싸움이 일어나면 왜 그런 행동을 했는지 묻고 화가 나는 이유를 들어주고 폭력을 쓰면 안 되는 이유를 설명해주었다.

아주 사소한 변화였지만 아이들이 달라지기 시작했다. 아이들의 이야기를 듣고 이해시키는 단순한 행동으로도 아이들의 반응이 달라지기 시작한 것이다. 싸움을 하면 이유를 말해야 하는 상황이 되다 보니 아이들의 어휘력도 조금씩 늘기 시작했고 시간이 지남에 따라 아이들은 학교에서 있었던 소소한 일들이나 집에서 있었던 일을 이야기하기 시작했다. 아이들과 라포가 형성되기 시작한 것이다. 선생님인 내가 자신의 이야기를 진지하게 들어주고 위로해주며 용기를 북돋아주려는 자기편의 어른이라고 인식하기 시작하는 것 같았다.

해결할 수 있는 일과 해결할 수 없는 일

적어도 농장에서는 아이들을 보호할 수 있었다. 하지만 가정에서 일어나는 사적인 일들에 개입할 수는 없었다. 민수는 자신이 외국인이라고 했다. 이유를 들어보니 아빠가 돌아가셨기 때문이란다. 베트남에서 온 어머니와 한국인 아버지가 계실 때는 다문화가족이었지만 한국인 아버지가 돌아가시고 외국인 어머니만 있으니 이제 자신은 외국인이라는 이야기다. 부모의 국적이 다문화가족 아이에게 이상한 논리로 해석되기까지 한 것이다. 나는 민수에게 한국에서 태어났으면 한국인이고 어머니도 베트남에서 태어났지만 이제 한국에서 결혼해서 한국에서 살고 있으니 한국 사람이라고, 민수엄마는 한국 사람임을 증명하는 주민등록증도 있고 한국 이름도 있어 한국 사람이 맞다고 했다.

나는 아이들에게 다름이 문제가 되지 않음을 이야기해주고 싶었다. 사람은 누구나 각자 다름이 존재하고 그런 다름을 가진 사람들이 모여 서로 돕고 협력하며 살아가는 세상을 보여주고 싶기도 했다. 처음에는 안타까움이었지만 어느새 내가 돌보는 아이들의 편에서 편견에 대한 사회적 저항을 하기 시작한 것 같다.

아이들과 같이 있다 보면 다문화가족 아이들의 건강상의 문제를 발견하기도 한다. 양치질하는 습관을 들이지 않아 치아가 모두 검은색으로 변했다든가 속눈썹이 안쪽으로 말려 눈을 뜰 때 틱장애처럼 깜박이는 습관을 보이는 경우가 있다. 치아에 문제가 생기면 치과에 가야 하고 눈썹이 눈을 찌르면 안과에서 치료를 받아야 하지만 병원에 데려가는 것은 부모의 몫이라 내가 어쩌지 못하는 때도 있다. 아이를 데리고 병원에 가야 한다고 말은 하지만 엄마가 병원에 데리고 가는 것도 쉬운 일이 아닌 것 같다. 아이의 치료를 제때 하지 않았다는 이유로 부모를 질타할 수도 없는 일이었다. 사회적 농업을 통해 문제를 발견할 수는 있지만 해결에는 한계가 있다는 현실이 많이 안타까웠다.

망고와 다문화

사람들은 살면서 끊임없이 분류하고 구분한다. 기준을 정하고 경계에 따라 개념을 분리한다. 이때 다문화가족은 가족구성원이 한국이 아닌 다른 곳에서 왔다는 기준으로 구분이 된다. 다문화가족의 아이들이 정상적인 가정교육을 받지 못하고 정서적으로 문제가 있을 거라는 편견과, 자신의 아이가 그들과 어울리면 부정적인 영향을 받을 것이라는 잘못된 인식이 다문화가족 아이들에 대한 보이지 않는 차별로 이어지는 것 같다.

교육학에서의 평등은 모든 아동, 특히 소수민족이나 불리한 조건에 있는 아동에게 공평하고 동등한 교육의 기회를 부여해주는 것을 의미한다. 이를 위해서는 소수집단의 아이들이 주류집단의 아이들과 같이 학교에 다니거나 기회를 부여하는 1차원적인 평등이 아니라, 개인이 가진 잠재력을 개발할 수 있도록 교육적 개입이 달라져야 한다. 어려서부터 부모에게 지원을 많이 받는 아동과 경제적·문화적 여건으로 인해 지원을 받지 못한 아동에게 기회의 평등은 주어지지만 과정의 평등이 보장되었다고 보기는 어려운 것처럼 말이다. 과정의 평등을 위해서는 여건이 열악한 아동을 문화적으로 결핍된 존재로 보기보다 이들의 문화에 적합한 방식으로 국가 또는 지역 차원에서 기회를 제공해야 한다.[1]

다문화가족을 특별하게 보는 구분이 우리 사회에 긍정적으로 작용하는지는 의문이다. 다문화가족을 사회 취약계층으로 분류하여 복지 대상으로 보고 혜택을 주는 것을 또 다른 차별이라고 보는 경우도 있다.

나는 2019년 귀농을 하고 시설하우스에서 애플망고를 재배하고 있다. 과거 망고는 우리나라에서 생산되는 과일이 아니었다. 바나나, 망고, 용과 등 열대지역에서만 생산되는 과일이 농업기술의 발전과 스마트팜 기술이 도입되면서 국내에서도 재배가 확산되고 있다. 돌봄농장에 오는 아이들에게 망고가 한국 과일인지 외국 과일인지 물으면 아이들은 한국 과일이라고 말한다. 한국에서 키우고 자라고 생산되니 그냥 한국 과일인 것이다. 결혼이주여성이 한국에서 낳은 아이들도 엄밀히 말하면 그냥 이곳에서 태어난 한국 아이다. 어머니가 외국에서 온 상황이 특별할지라도 이 아이들의 삶에서 다름으로 인한 차별이 존재해서는 안 된다고 생각한다. 한국 가정에서 양육이 되었다면 당연히 누렸을 보육의 부족함은 사회가 그들을 위해 더 따뜻하게 돌봄을 제공해야 할 필요가 있다.

---

[1] 장인실 외, 『다문화교육』, 학지사. 2022. 03.25. 원문은 Chang, I. S, *Formation and transformation of teacher's ethnic identification and attiudes toward language diversity: A recursive path analysis*. Doctoral dissertation, University of North Carolina(2002).

사회적 농업이라 하면 다문화가족 아이들이 많은 농촌에서 이 아이들에게 필요한 돌봄을 제공하고 부족한 양육으로 인해 생기는 마음의 틈을 채워주는 역할을 해줘야 한다는 생각이 들었다.

사회적 농업을 알게 되고 다문화가족 아이들을 대상으로 돌봄농장을 운영한 지 3년째 되다 보니 풀어야 할 숙제가 너무 많다는 것을 느꼈다. 처음에는 성과에만 치우쳐 대상자에 대한 이해가 부족했다는 점을 전문가들의 다양한 자문을 통해 깊이 깨달았다. 얼마나 프로그램을 수행했느냐가 중요한 것이 아니라 참여 대상자를 얼마나 이해하고 도움을 주었는지가 중요하고 대상자에게 진심으로 다가가는 것이 필요하다는 것을 느낀다.

인터뷰 : 지역사회 구성원으로서 주체적인 활동을 꿈꿔요

— 옥천군 결혼이주여성협의회
부티탄화 회장, 미야코 부회장을 만나다

■ **자기소개 부탁드립니다.**

부티탄화 베트남에서 온 부티탄화라고 합니다. 부티탄화는 베트남어로 '아름다운 꽃'이라는 뜻입니다. 2001년 고등학교를 졸업하고 마을에서 외국인 근로자로 한국에 가는 사람들을 보고 저도 가고 싶다고 생각했습니다. 돈(귀국보증금)이 있었다면 외국인 근로자 신분으로 한국에 오고 싶었는데 그럴 형편이 되지 못했어요. 그래서 선택한 방법이 결혼이주였고, 2009년 지금의 신랑을 소개받고 결혼하면서 한국에 왔습니다. 당시 신랑의 주소가 마산시로 되어 있어서 도시에 살 줄 알았어요. 근데 막상 와보니 옥천군 시골이더라구요. 농촌에서 살고 싶지는 않았기 때문에 처음엔 실망했어요. 솔직히 사랑해서 결혼했다고는 말하지 못합니다. 당시 저는 한국에 오고 싶었고, 현실적인 방법이 국제결혼이었기 때문에 선택한 거죠. 신랑과는 10살 차이가 납니다. 처음엔 많이 싸웠지만 지금은 원만하고 행복하게 살고 있습니다. 저의 직업은 여러 가지인데요. 동시통역과 이주민 상담, 이중언어 코치, 한국 문화 강사 등의 활동을 하고 있습니다. 농촌에 살고 싶지 않았던 제가 2015년부터는 깻잎농사도 짓고 있습니다.

미야코   저는 일본 출신입니다. 미야코는 '사람들 중에 중심'이 되라는 뜻으로 부모님이 지어주신 이름입니다. 1995년에 종교를 통해 맺어져 결혼하고 1996년에 옥천으로 왔습니다. 그 당시 옥천에서 일본인 국제결혼은 두 번째였으니 지금처럼 이주민을 위한 사회적 기반이 갖춰져 있지 않았던 시절이에요. 남편 나이가 마흔이 넘었을 때였고 저하고도 10살 차이가 납니다. 처음에 와서는 한국어를 전혀 못했으니까 교회에서 운영하는 어학당을 다니면서 집에서 살림만 했습니다. 지금은 아이들도 다 자랐고 저도 한국 언어와 문화에 익숙해졌기 때문에 방문요양사로 일하고 있습니다.

■ **옥천군 결혼이주여성협의회는 어떻게 만들어졌나요?**

부티탄화   모든 지자체마다 여가부 소속 가족지원센터(구 다문화가족지원센터)가 설치되어 있어요. 저는 가족지원센터에서 2012년부터 2019년까지 근무하면서 그곳을 기반으로 이중언어 코치 등 다양한 활동에 참여했습니다. 센터와 연결된 파트너 민간조직으로 다문화가족협의회가 있는데, 결혼이주여성들은 회원으로 참여할 수 없고 남편들만 회원가입이 가능하다는 거예요. 결혼이주여성이 여러 가지 사정으로 이혼할 수도 있고, 남편과 결혼이주 당사자들의 의견이 다를 수도 있는데 말이죠. 부당하다고 생각하고 따졌는데 받아들여지지 않았고 오히려 대판 싸움이 났어요. 그래서 우리의 목소리를 낼 수 있는 단체가 필요하다고 생각하고 비슷한 의견을 가진 결혼이주여성 57명을 모아 2020년에 설립하게 되었습니다. 처음에는 저희집을 사무실로 사용하다가 2022년부터 정식 사무실을 얻어 운영하고 있습니다.

미야코   가족지원센터에서 우리는 서비스를 받기만 하는 입장이었

사진 1 | 옥천군 결혼이주여성협의회.

기 때문에 우리가 주도하는 단체를 만들어 봉사하는 보람과 즐거움을 느끼고 싶다는 생각을 했어요. 협의회를 만들 때 '밥만 먹고 헤어지는 모임은 하지 말자, 의미 있는 활동을 해보자'라는 공감대가 있었어요. 우리가 중심이 되어 활동하면서 보람도 느끼고 지역사회에 봉사도 했으면 좋겠다고 생각했습니다.

■ **옥천군 결혼이주여성협의회의 주요 활동이 궁금합니다.**
부티탄화 협의회 내에는 결혼이주여성들의 자조모임과 커뮤니티가 있고, 베트남어 교실, 한국어 교실, 농촌일손돕기 등의 활동을 펼치고 있습니다. 현재 회원은 120명가량으로 점점 늘고 있고 베트남, 필리핀, 태국 등 7개 나라 출신 여성들이 함께하고 있습니다. 1년에 4만 원의 회비가 있습니다. 1년에 4만 원이 적은 돈이라고 생각할 수도 있지만 결혼이주여성들에게는 결코 적지 않은 금액입니다. 사실 4만 원이 있으면 고국에 있는 엄마한테 보내야지라는 생각이 먼저 들거든요. 그

귀한 회비로 회원 자녀가 고등학교 졸업하면 축하금도 주고 해마다 계절근로자들을 위한 음악회도 열고 회원 나들이도 다녀옵니다. 회비 외에도 회원들이 농촌일손돕기 활동으로 받은 수고비를 협의회에 후원해주기 때문에 가능한 일이죠.

미야코   2023년에는 결혼이주여성협의회가 모태가 되어 이주민인권연대라는 단체도 만들어졌습니다. 이주민인권연대는 결혼이주여성협의회와 함께 계절근로자들의 한국 사회 적응을 돕는 교육과 상담, 음악회 등의 문화행사를 진행합니다. 옥천군 마을공동체 활동지원사업을 통해 한국어 교실, 지역별 자조모임도 운영하고 있습니다. 올해는 지원금으로 《월컴 투 옥천: 사람이 온다》라는 소책자를 만들어서 배포했어요. 책에는 이주민, 계절근로자 등을 인터뷰해서 그들의 목소리를 그대로 담았어요. 땅으로 인연 맺어진 농장주와 계절근로자들 사이의 갈등과 문제점, 먼저 한국에 정착한 이주민들이 나서서 새로 온 계절근로자들의 어려움을 해결해나가는 과정, 그 와중에서 긍정적인 상황이 유지될 수 있도록 서로의 의지처가 되어주는 이야기들이 담겨 있습니다.

■ 개인으로 활동하지 않고 단체를 조직한 이유가 특별히 있을까요?
부티탄화   지금보다 이주민 관련 정책이 미약했던 시절을 살아온 사람으로서 나중에 온 이주민들이 어려움에 처했을 때 믿고 찾아올 수 있는 곳을 만들고 싶었어요. 옥천에 온 대부분의 계절근로자가 결혼이주여성의 가족이나 친척들입니다. 개인적으로는 우리집 깻잎농장에도 2018년부터 여동생이 계절근로자로 와서 일하고 있어요. 옥천 전체로 보면 240명 정도의 이주민 근로자가 있는데 이들이 겪고 있는 어려움이나 제도의 문제점을 책으로도 만들고 토론회도 열었어요. 토론회에서 나온 이야기들을 정리해서 옥천군에 개선책을 제출하기도 했어요. 이런 활동은 개인이 하기 어렵잖아요. 단체가 나서서 활동해야 지역사회에서도 우리를 초대하고 우리도 구성원으로서의 존재감을 느끼며 공적으로 활동할 수 있는 것 같습니다. 이주민 한 명으로서의 부티탄화가 아니라 결혼이주여성협의회 대표 부티탄화로서 할 수 있는 역할이 훨씬 크다고 생각해요. 우리의 활동을 보고 다른 지역에서도 이주민들이 단체를 만들고 싶다고 문의가 많이 옵니다. 그럴 때 사회적 영향력도 느끼고 뿌듯한 것 같아요.

미야코 옥천군 결혼이주여성협의회를 만들 때는 낯선 한국으로 시집와서 각자 고립되어 살고 있는 결혼이주여성들이 어려운 일이 생겼을 때 찾아올 수 있는 곳이 필요하다는 생각이 있었기 때문입니다. 나는 비슷한 환경에서 어려움을 먼저 겪어본 사람이니까 그 어려움을 아주 잘 알고 있거든요. 우리 이주여성들만이 아는 그런 공감대가 있어요. 같이 모여서 활동하고 이야기 나누는 곳을 만들고 싶다는 마음이 컸기 때문에 단체 만드는 일이 그리 어렵게 느껴지지 않았어요. 물론 그 안에 여러 가지 어려움이 있지만 우리끼리도 훌륭하게 해냈다는 기쁨이 있어서 계속 나아가고 있는 것 같아요.

2022년 지방선거 때는 편견이나 폭력 등의 위험에 노출된 이주민(이주여성, 노동자) 인권을 보장하기 위해 출마자들에게 이주민 지원정책 공약촉구 기자회견을 열기도 했어요. 지금은 옥천군수가 된 황규철 군수 후보를 비롯해 8명의 도의원, 군의원 후보가 참석했습니다. 어딘가에는 싸우는 이주여성이 있다는 사실을 알리고 싶기 때문에 단체를 만들어 활동하고 있기도 한 거죠.

■ 결혼이주여성협의회가 만들어진 후 지역사회에 어떤 변화들이 있습니까?

부티탄화 지역사회의 이주민 관련 인식을 바꾸는 데 많은 역할을 하고 있다고 생각합니다. 계절근로자제는 옥천군내 결혼이주여성 가족을 계절근로자 비자로 초청해 일손이 부족한 농가와 연계하는 사업입니다. 옥천군이 계절근로자제를 5년째 운영하면서 그간 이탈한 사람이 한 명도 없었는데, 여기에는 우리 단체의 역할이 매우 컸다고 생각합니다. 계절근로자제를 운영하는 데 있어 행정의 지원시스템은 매우 미약합니다. 현장에서 생기는 농장주와 근로자 사이에 갈등이 왜 없겠어요. 동의 없는 연장근로, 부당한 대우, 열악한 숙소 등 문제가 생겼을 때 고용주와 직접 문제를 풀기 어렵기 때문에 근로자들은 어려운 상황에 놓입니다. 그럴 때 저희에게 도움을 요청하는 연락이 많이 옵니다. 그러면 제가 농장주와 소통해서 가능한 합리적으로 갈등을 해결하도록 중간에서 투명망토 같은 역할을 하는 거죠. 이런 활동은 제가 선배 이주민으로서 자발적으로 하는 것이지 어떤 보상도 받지 않아요. 이제는 농장주들도 고마워하세요. 부티탄화 없었으면 계절근로자들을 이해하고 함께 일하기 많이 힘들었을 거라구요. 또 시간이 쌓일수록 이해의 폭이 넓어지는 경우도 봅니다. 소소하게는 낚싯대에 관심을 보이는 계절근로자에게 사용법을 알려주거나 작년에 왔다 올해 다시 만난 친구들에게 방값을 안 받는 농장주도 있어요. 계절근로자 중 일부는 농장주, 공무원들을 초대해서 음식을 만들어주기도 합니다. 주고받는 마음들이 생기는 거죠. 동네 슈퍼 사장님이 맥주 사가는 이주민에게 공짜 안주를 주시기도 하는 등 지역사회에 서서히 스며드는 존재가 되고 있어요.

2022년부터 매년 농장주들의 후원을 받아 열고 있는 이주민가족을 위한 작은음악회도 이주민들의 고단한 마음을 달래고 화합을 도모하는 행사로 자리 잡아가고 있어요. 올해는 규모가 더 커져서 200명이 넘게 참여했고 근사하게 야외에서 진행했어요. 저는 이주민이 행복해져야 옥천도 행복하다고 생각합니다. 그런 의미에서 앞으로도 더 열심히 옥천에서 활동하려고 합니다. 군청에서도 좀 더 관심을 가져줬으면 합니다.

미야코 선先정착 이주민들이 계절근로자제가 순항하도록 민간 영역에서 물심양면으로 지원하고 있기 때문이죠. 제도는 제도 그 자체로 완벽하지 않습니다. 그 안에 있는 현실의 장벽들을 농민과 계절근로자, 이주여성들이 함께 메꿔나가고 있는 셈입니다. 이주민이 불행하다면, 그 불행은 선주민에게도 영향을 끼칠 수밖에 없습니다. 농촌의 인구 소멸을 걱정하지만 이주민의 숫자는 계속 증가하고 있어요. 하지만 아직도 이주민 지원의 수준은 미약합니다. 우리 단체는 이주민으로서 옥천을 더 평등하고 안전한 공동체로 만들기 위해 노력하고 있고 앞으로도 그럴 것입니다.

사진 2 | 미야코.

■ **한국 문화 중에 이해가 잘 안 가는 부분이 있나요?**

미야코 마을 분들이 함께 버스를 대절해서 나들이를 갔는데 달리는 버스에서 일어나서 춤을 추는 거예요. 일본에는 그런 문화가 없으니까 너무 놀랐죠. 또 농촌의 마을회관마다 앞마당에 운동기구들이 설치되어 있는데, 거기서 운동하는 사람을 본 적이 없어요. 참 허튼 곳에 돈 많이 쓴다는 생각이 들어요. 시어머니 모시는 문화는 일본도 비슷해서 적응이 어렵지 않았어요. 특별히 어려웠다기보다는 결혼이주가 흔치 않은 시절이니까 주목을 많이 받았어요. 음식은 입에 맞냐, 왜 왔냐 등 주변 분들의 궁금해하는 시선이 좀 부담스러웠죠.

부티탄화 저는 한국 오기 전 베트남에서 한국어도 배울 겸 한국인이 운영하는 식당에서 10개월 정도 일했어요. 그래서 한국 음식이나 한국 사람을 대하는 게 그렇게 어색하지는 않았어요. 한국 문화 중에 제일 당황스러웠던 것은 공중목욕탕이었어요. 한국에 들어왔을 때가 크리스마스 즈음이었는데 신랑 친구들과 부부 동반모임을 했어요. 근데 다같이 목욕탕을 가자는 거예요. 같이 간 언니들은 옷을 다 벗는데 저는 쑥쓰러워서 끝까지 옷을 안 벗었어요.

사진 3 | 부티탄화.

■ 살다가 힘든 일이 생겼을 때 힘이 되는 사람은 누구입니까?

부티탄화 상황에 따라 다르죠. 제가 사회활동을 많이 하니까 친구들도 많아요. 베트남 친구도 있고 친한 한국 사람도 있어요. 한동안 직장 내 괴롭힘과 차별을 받을 때가 있었는데 그때는 같은 이주민 출신들이 말도 잘 통하고 편하죠. 또 어떤 일에 대해서는 신랑 붙잡고 하소연하기도 하구요. 같은 베트남 출신 중에도 싫은 사람이 있고, 한국 사람 중에도 좋은 사람이 있는 게 자연스럽잖아요.

미야코 저는 어려운 일이 있을 때는 주로 교회분들과 대화를 많이 합니다. 가족 중에는 고모님(남편 누나)과 많이 얘기하고 동료 요양보호사들과도 공감대가 있어요.

■ 한국이 바람직한 이민사회로 가기 위해 어떤 변화가 필요하다고 생각하세요?

부티탄화 나이 먹은 기성세대들이 문제지 젊은 사람들은 이미 변화하고 있다고 봅니다. 나이 많은 분들은 저에게 무조건 월남아가씨, 월남아줌마 이렇게 부르고 왜 월남으로 돌아가지 않냐고 물어보기도 합니다. 그 사람들 각각의 인식을 바꾸는 것은 어려운 문제예요. 하지만 정책을 바꾸는 것은 지금 당장도 충분히 할 수 있는 일이라고 생각해요. 정책을 만들 때는 당사자들의 목소리가 담기는 것이 중요해요. 이제는 다문화시대를 넘어 이민시대를 맞이하고 있어요. 다문화시대에는 이주민들을 '한국화'하는 데 초점을 맞추었다면 이민시대에는 서로 다른 배경의 주민들이 어떻게 한국이라는 나라 안에서 조화롭게 모두 잘 살 수 있게 할 것인가가 정책의 중심이 되어야 한다고 생각합니다.

미야코 억지로 한국인들과 잘 어울려 살라고 강요하는 것도 옳지 않아요. 각자 겪어왔던 생활과 문화가 다르니 어울린다는 게 저절로 자연스럽게 되지 않는 거잖아요. 그냥 이주민끼리만 어울려도 한국에서 문제없이 잘 살 수 있는 환경이 되는 것이 필요해요. 누구든 당사자의 목소리를 낼 수 있는 사회적 공간이 열려 있는 게 중요하다고 생각해요.

스밈

농촌으로부터

상주의료복지사회적협동조합 설립기 | 김하동
진심을 연결하는 청년들 | 사회적협동조합 녹원
밭에서 벗과 연결되기 | 배기현
농農을 위한 영농형 태양광의 길 | 김형수

상주의료복지사회적협동조합 설립기

김하동
상주의료복지사회적협동조합
이사장

만남

누구에게나 그렇듯 제게도 사랑하는 어머니가 계셨습니다.

2023년 6월, 일제식민통치와 6·25전쟁, 1970년대 유신 독재와 군부 독재 등 온갖 풍파를 겪으며 격동의 한 세기를 살아오신 어머니가 돌아가셨습니다.

어머니의 노후를 보며 늘 미안한 마음으로 고통스러웠습니다. 어머니는 돌아가시기 전 10여 년 이상을 요양원과 요양병원에서 보냈습니다.

제 나름으로는 우리나라에서 가장 좋은 곳들이었지만 어머니는 만족하지 못하셨습니다. 아마도 어머니의 가장 큰 고통은 외로움이지 않았을까 짐작해봅니다. 그중에서도 보고 싶은 가족을 마음대로 볼 수 없다는 사실이 가장 큰 고통이었을 것입니다. 어머니의 노후를 보며 현재 우리 사회에서는 아무리 좋은 요양시설도 창살 없는 감옥과 크게 다르지 않다는 생각을 하게 되었습니다.

사람은 먹고, 자고, 싸는 생물적 욕구의 충족만으로는 살 수 없습니다. 사회적 존재로서 서로 관계 맺고 만나 이야기하고 기쁨과 슬픔을 나누며 살 때 행복을 느끼는 존재입니다.

어머니의 노후는 그 한쪽을 잃어버린 삶이었다는 생각을 지울 수 없었고, 나 역시 그런 노후를 보낼 수밖에 없는 현실을 생각하며 대안을 찾고 싶었습니다.

그러던 중 대전 민들레의료복지사회적협동조합의 조합원이었던 사실을 떠올리고, 의료복지사회적협동조합(이하 의료사협)을 관심 있게 바라보게 되었습니다. 그리고 의료사협이 노후의 삶을 행복하게 해줄 대안이 될 수 있겠다는 생각을 하게 되었습니다.

의료사협 설립을 위한 여정

2021년 겨울, 상주로컬푸드협동조합 설립에 참여했던 분들과 상주 지역활동가 몇 분이 모였습니다. 급격히 고령화되고 있는 농업도시 상주에 믿을 수 있는 의료와 돌봄이 필요함에 공감하며, 이를 실현하기 위한 수단으로 의료사협을 생각하고 함께 공부하기로 결의하였습니다.

이후 지속적으로 모임을 이어가며 의료사협 설립을 위한 준비를 시작했습니다. 처음에는 실현 가능성에 대해 의구심도 있었습니다. 하지만 주변 사람들과 대화하며 많은 사람들이 필요성에 공감하는 것을 확인하였고, 이를 밑바탕으로 꾸준히 논의를 진행했습니다.

그러던 중 2022년 상반기에 사회적기업진흥원의 예비창업지원사업에 의료사협 창업지원이 있었습니다. 부랴부랴 사업을 신청하고, 다행스럽게도 선정이 되었습니다. 이 사업의 지원을 계기로 의료사협 설립을 구체화할 수 있었습니다. 의료사협연합회 창업지원센터의 멘

토링과 경제적 지원은 이 분야의 문외한이었던 우리에게 큰 도움이 되었습니다. 준비위원회를 만들고, 차근차근 그러나 열정적으로 활동을 벌여나갔습니다. 그리고 2023년에도 사회적기업진흥원의 다음 단계 지원으로 한 발 더 나아가는 준비 활동을 할 수 있었습니다.

준비위원 모두가 열정적으로 설립동의자를 모아나갔습니다. 준비위원 각 개인이 주변 사람들을 만나 의료사협 설립에 동의를 구하는 한편, 각종 행사에 참여해 의료사협에 대해 설명하고, 지역 성당을 돌며 설명회를 개최했고, 건강리더 교육 등 각종 프로그램 운영으로 의료사협을 홍보하면서 설립동의자를 모았습니다. 그 힘으로 감동적인 발기인대회를 성황리에 개최할 수 있었습니다. 준비위원들은 '이게 될 수 있을까?'로 시작했지만 '어! 이게 되네' 하며 벅찬 감동을 느꼈습니다. 그리고 2023년 11월 설립동의자 370여 명이 모여 상주의료사협 창립총회를 열었습니다.

사진 1 | 상주의료복지사회적협동조합 발기인대회.

설립 과정에서 만난 복병 : 인가 불허를 뛰어넘어

총회 직후 보건복지부에 의료사협 설립인가를 신청했습니다. 워낙에 인가가 어렵다고 하여 모든 것들을 꼼꼼히 준비했지만 언제 인가가 되고, 언제 병원을 시작할 수 있을지 알 수 없는 상황에서 인가 시 필요한 요건인 병원이 들어설 건물을 미리 확보하기는 어려운 일이었기에 사무실로 쓰는 공간을 병원이 들어설 곳으로 하여 인가신청을 할 수밖에 없었습니다. 하지만 당시로는 그것이 문제될 수 있다는 생각을 하지 못했습니다.

결국 그 문제가 발목을 잡았습니다. 인가심사 과정에서 심사 위탁 기관인 건강보험공단과 사회적기업진흥원의 평가가 우호적이었기에, 건물 임대 부분에 대한 이야기가 있기는 했지만 그것이 문제가 되어 인가 불허 결정이 내려질 거라고는 추호도 의심하지 않았습니다. 인가 결정이 나야 개원준비 활동과 조합원 활동이 가능했기에 인가 결정이 내려지기만을 손꼽아 기다렸는데 말입니다.

3개월여가 지난 2024년 3월 초순 '인가 불허' 통보를 받았습니다. 머리가 하얘지는 순간이었습니다. 정신을 차리고 인가 불허 사유에 대해 꼼꼼히 따져보았으나 이는 상주의료사협이 문제가 있어서라기보다 의료사협 인가를 가능하면 내주지 않으려는 의도가 아닌가 하는 생각이 들게 하였습니다. 하지만 이미 내려진 통보를 어찌할 수 없었고, 포기하지 않는다면 다시 총회를 치르고 인가 신청을 하는 수밖에 없었습니다. 긴급 준비위원회 회의를 통해 어려운 일이지만 임시총회를 열어 불허 사유를 해소하기로 결정했습니다.

인가가 불허된 것에 대해 설립동의자들이 어떻게 생각할까? 눈에 보이는 것이 아무것도 없는 상태에서 설립동의자들을 다시 모아 총회를 열 수 있을까? 건물 임대 문제는 어떻게 해결해야 할까? 설립 과정이 몇 달 더 늘어지는 동안 설립동의자들의 열망도 사그러들지 않을까? 마음고생이 이만저만이 아니었습니다. 그러나 준비위원 모두가 힘을 모아 건물 임대 문제를 해결하고, 4월 말경 임시총회를 무사히 치를 수 있었습니다. 설립동의자들에게 미안함과 고마움을 느끼는 순간이었습니다.

임시총회 직후 인가 서류를 보완하여 즉시 재인가 신청을 했습니다. 그러나 이건 또 웬일! 재인가 신청 후 몇일 지나지 않아 보건복지부 담당 팀장으로부터 연락이 왔습니다. '임시총회를 하면 안 되고 다시 창립총회를 했어야 한다'며 이대로면 인가가 불가하다고 했습니다. 시쳇말로 '미치고 팔딱 뛸' 일이었습니다. 도저히 납득할 수도 받아들일 수도 없었습니다. 아무리 의료사협이 병원 운영 때문에 보건복지부 인가를 받아야 한다 해도 협동조합이고 협동조합은 조합원의 주체적이고 자발적인 조직이라는 점에서 볼 때, 이미 창립총회를 통해 임원도 선출했고, 정관도, 사업계획도 정했는데 그 모든 과정이 없었던 것이 된다는 것은 도저히 받아들일 수 없었습니다. 이제 그만 여기서 포기할까 생각하기도 했지만 일단 모든 방법을 동원해보아야겠다고 생각했습니다. 보건복지부 위탁을 받은 건강보험공단의 담당 팀장의 판단을 그대로 인정할 수 없다는 생각에 의료사협연합회, 의료돌봄 관련단체, 보건복지부 등에 다각도로 문의하고 도움의 손길을 요청하는 한편, 안 되면 마지막 수단으로 행정소송도 불사할 수밖에 없다는 생각으로 두 달여간 할 수 있는 모든 노력을 기울였습니다.

간절한 바람이 하늘에 닿았을까? 연합회 등 여러분들의 노고와 설득 끝에 담당 팀장의 마음이 열리고, 마침 다른 곳의 관련 사례를 찾았다며 긍정적 신호가 왔고, 천신만고 끝에 지난 6월경 꿈에 그리던 설립을 인가한다는 통보를 받았습니다. 하늘을 날 것 같은 순간이었

사진 2 | 상주의료사협 사무실 열린 날.

습니다.

아마 이 시기가 설립 과정을 통틀어 가장 어렵고 힘들었던 시기가 아니었을까 생각합니다. 포기하지 않는 한 정성을 다하면 뜻은 이루어진다는, 경험을 바탕으로 한 믿음이 생겼습니다.

상주의료사협은 그렇게 세상에 태어났습니다.

마을숲의원과 함께하는 앞으로의 길

상주의료사협은 '나와 가족과 이웃의 건강을 지키고', '적절한 치료와 보살핌을 받고', '품위 있게 임종을 맞이할 수 있는 공동체'를 꿈꿉니다.

이 꿈을 실현하기 위해 첫 번째로 만들 우리의 병원은 '마을숲의원'입니다. 조합원들의 공모를 거쳐 건강한 공동체가 있는 마을들이 숲을 이루는 상주가 되기를 희망하며 만들어진 이름입니다.

'마을숲의원'은 2025년 1월 개원 예정입니다. '마을숲의원'에서 우리의 몸과 마음의 건강을 지켜주실 의사선생님은 이미 창립총회 이전부터 함께 활동하고 계십니다. 운영하시던 의원을 정리하셨고, 개원과 함께 '마을숲의원'의 건강주치의로 활동하실 계획입니다. 이 점은 의료사협을 준비하는 다른 지역에서 저희를 부러워하는 가장 큰 이유입니다.

상주의료사협은 협동조합 본연의 모습을 가질 수 있도록 조합원들의 생각의 협동, 노동의 협동, 자본의 협동을 통해 모든 일을 해나갈 것입니다.

조합원들의 자발적 노동의 협동을 통해 조합사무실 인테리어를 3개월여의 시간을 거쳐 만들어냈고, 2025년 1월경 개원하게 될 우리의 병원 '마을숲의원'의 인테리어도 많은 부분 그렇게 만들어가고 있습니다.

여기에 드는 비용 역시 이미 조합원들의 자발적 자본의 협동으로 이루어진 출자금과 후원금, 그리고 모자라는 비용은 증자운동을 통해 해결할 것이고, 이를 위해 계획을 세우고 실천하는 중입니다.

이 모든 일들은 협동조합의 임원들뿐 아니라 조합원들의 생각을 모아 진행되고 있고, 병원 운영과 협동조합 운영, 조합사업의 계획과 진행 모두 조합원들의 필요와 참여를 밑바탕에 둘 것입니다.

다른 의료사협과 같이 의원이 안정되면 한의원과 치과의원, 건강검진센터 만들기를 희망하고 있고, 무엇보다 지빙도시이면서 농업도시인 상주가 급격한 고령화로 인한 노령인구 증가와 면단위 의료소외 지역이 대부분인 현실을 감안해 왕진 및 재택의료, 생활거점 돌봄센터 등 돌봄시스템 구축, 사회적농업과의 연계를 통한 돌봄 프로그램 마련 등 지역 실정과 자원 연계를 통해 상주에 알맞은 의료·돌봄 체계를 만들어갈 것입니다. 진심을 담은 최선의 노력이 이 모든 바람을 이루어지게 할 것이라 생각합니다.

진심을 연결하는 청년들

사회적협동조합 녹원

'로컬'의 새로운 정의

도시 집중화와 지방소멸 이슈가 심각하게 받아들여지고 있는 요즘, '로컬'이라는 단어는 이곳저곳에서 다양한 의미로 소비되고 있습니다. 지역, 현지, 지방을 뜻하기도 하고 누군가에게는 기회의 땅으로 인식되기도 하지요. 이 글에서 녹원은 '로컬'을 도심에서 벗어난 지방, 시골, 변두리, 외곽과 같은 의미들로 표현하지 않으려 합니다.

  서울 중에서도 동대문구 '회기동'에 자리잡고 있는 녹원은 청년들이 모여 함께 운영하는 '찻집'입니다. 매장에서 손님들에게 차와 다과를 소개하면서 모임을 만들어 대화의 장을 열기도 하고, 먼 지역의 식재료와 이야기를 발굴하여 새로운 메뉴로 탄생시키면서 생산자와 소비자를 연결하는 일을 하고 있습니다. 이 글을 통해 회기동의 작은 '로컬'인 녹원과 우리가 하는 일을 소개해보도록 하겠습니다.

  루소는 인간이 가지고 있는 마음을 이기심과 이타심으로 구분하고, 그 두 가지의 중첩 지점을 '일반 의지General Will'라고 이야기합니다. 이 타적이면서도 이기적인 행위로 이어지는 일반 의지는 사람들이 삶을 만족스럽게 살아가도록 하는 힘을 줍니다. 본인의 행위를 통해 사회적인 가치를 창출하고, 스스로가 한 사회의 구성원으로서 사회에 긍정적인 영향력을 끼칠 수 있음을 확인함으로써 올바른 자아존중감을 형성할 수 있기 때문입니다. 그러나 오늘 우리가 살아가는 현대 사회에서는 사람들이 이러한 일반 의지를 잃어버리고 이기심에 가까운 마음으로만 삶을 살아가는 모습을 자주 목격합니다.

고도로 개인화되고 각박해진 거대한 사회 안에서 홀로 일반 의지를 회복하는 일은 쉽지 않습니다. 일반 의지가 비교적 쉽게 발현될 수 있는 공간은 규모가 작고 동질적인 집단입니다. 우리가 정의하고 싶은 '로컬'은 이렇게 사람과 사람이 모여 작은 사회를 이루고, 인간적인 관계를 바탕으로 사회적 가치를 창출해내며 사람들의 일반 의지가 발현되는 공간입니다. 그리고 우리 녹원이 도심 속 그러한 로컬로서 역할을 해내고 있는 공간임을 자부합니다.

사진 1 | 매장 외부 전경 및 간판.

되살아난 찻집, 녹원 이야기

과거 1985년, 지금의 녹원이 있는 자리에 문을 열었던 전통찻집 녹원은 경희대학교의 학생, 교수, 회기동 마을주민들에게 사랑방 역할을 톡톡히 해냈던 유일한 '찻집'이었습니다. 부부셨던 사장님 두 분의 인심 넘치는 공짜 뻥튀기와 함께 편하게 이야기할 수 있는 자리, 저렴한 가격의 음료가 많은 사람들을 품어주었지요. 그러나 커피가 대중화되고 프랜차이즈 카페가 즐비하게 들어서며 찻집 녹원이 설 자리는 점점 좁아졌습니다. 추억의 공간을 지키고 싶었던 학생들은 크라우드 펀딩이나 사회적인 움직임을 통해 녹원의 운영에 도움을 드리고자 노력했으나, 결국 2016년 경영난으로 문을 닫는 결정을 내리게 되었죠. 이후 텅 비어 있던 자리를 새롭게 꾸며 사라진 녹원을 되살리는 '녹원 재건프로젝트'가 진행되었습니다. 조리학과, 경영학과, 주거환경학과 등 식음료 업장을 만드는 데 자신의 재능과 전공 지식을 활용할 수 있는 학생들이 모여 공간을 채워갔습니다. 이를 통해 새로운 회기의 사랑방이 되어줄 '찻집 녹원'이 학생들의 손끝에서 되살아난 것입니다.

사진 2 | 팽주 단체사진.

2018년부터 쭉 이어지고 있는 찻집 녹원은 한 명의 사장이 존재하는 것이 아니라, 모든 구성원이 사장이 되어 함께 결정하고 행동하는 방식으로 운영됩니다. 자신이 가진 능력과 열정으로 함께 더불어 행복하게 살아가는 세상을 꿈꾸는 청년들은 녹원에서 찻자리의 주인이라는 뜻을 지닌 '팽주'로서 활동하며, 새로운 팽주가 합류하고 기존의 팽주가 졸업하면서 끝없이 이어집니다. 과거 회기동을 품었던 전통찻집 녹원이 이제는 이야기가 흐르고 사람 냄새가 나는 찻집으로, 세상에 크고 작은 변화를 일으키는 사회적협동조합으로 지역과 지역, 사람과 사람을 이어나가고 있습니다. 개인의 사적인 이익을 위해 모인 것이 아닌 사회적인 의미를 위해 조직된 공동체 안에서 구성원들이 함께 사회적 가치를 만들어가는 과정을 통해 우리는 매일매일 자존감 있는 사람이 되어갑니다.

녹원, 농촌에 가다

녹원의 최대 관심사는 '함께 더불어 행복하게 살아가는 세상'을 구현하는 데 있습니다. 구체적인 실천 방법은 사람들을 모아 건전한 공동체 문화를 형성하는 것, 한 지역과 다른 지역을 잇고 서로 다른 세대 사이에 교류를 만들어내어 상생하는 것, 이를 통해 청년 문화를 주도하는 지역의 허브가 되는 것입니다. '찻집'이라는 사업장의 특성과 이러한 우리의 관심사가 맞물려 다양하면서도 일관성 있는 활동을 지금껏 이어올 수 있었습니다. 널리 알려지지 않은 지역의 식재료와 생산자의 이야기를 재가공하여 소비자에게 소개하는 '로컬 브랜딩 프로젝트', 차와 음식을 매개로 함께 모여 교류하는 행사를 기획하고 운영하는 '지역 공동체 프로젝트'를 꾸준히 진행해왔습니다.

사진 3 | 청량리 청과물 시장 로컬 브랜딩 프로젝트 결과물.

찻집을 운영하면서는 값싼 재료를 대량으로 떼어오는 것처럼 이익의 극대화를 위한 운영 방식보다는 조금 더 다정한 방식을 채택했습니다. 지역의 시장인 청량리 청과물 시장에서 상인들과 대면하고 더 좋은 식재료를 찾기 위해 노력하는 것을 하나의 예로 들 수 있겠습니다. 이런 찻집의 운영 방식과 우리가 지켜온 태도는 앞서 설명한 로컬 브랜딩 프로젝트나 지역 공동체 프로젝트를 기획하고 실행할 수 있는 밑받침이 되어주었죠.

차와 다과, 식음료 분야에 뿌리를 두고 있는 공동체이다 보니 건강한 식재료와 진심을 담아 길러내는 생산자에 대한 관심은 어찌 보면 당연했습니다. 처음부터 지금까지 우리가 만드는 음식의 재료는 그렇게 진심이 묻어 있는 지역과 생산자로부터 조달해왔죠. 충북 보은의 대추로 대추차와 대추양갱을 만들고, 강원도 홍천 오미자 농가 '달스팜'으로부터 오는 오미자청으로 오미자에이드를 만들어 손님께 내어드리는 것처럼 말입니다. 이러한 작은 노력들로 이루고 싶었던 것은 지역과 지역, 그리고 그 안에 있는 사람과 사람을 연결하며 함께 연대하는 것이었습니다. 우리는 서울 한복판에서 찻집을 운영하고 있지만, 공간과 음식에 다양한 사람들의 이야기를 담아 녹원에 방문하는 사람들에게 보여줌으로써 각자의 자리에서 서로의 세계를 키워나갈 수 있을 테니까요.

우리가 찾는 진정성 있는 농부들을 만날 수 있는 곳은 단연코 농촌이었습니다. 그들의 이야기를 들으려면 그들이 일궈내는 삶의 터전을 찾아가는 것 또한 당연한 이야기지요. 녹원을 설립한 이래로 팽주들은 1년에 2회 이상 지역에 내려가 식재료를 발굴하고, 생산자를 만나왔습니다. 그 경험이 쌓이고 쌓여 2024년도에는 '농업유산 도농교류 상생 프로젝트'가 탄생하게 되었습니다. 농촌의 진심을 '음식'으로 알리는 식음료 상품 개발, 직접적인 '만남'을 통해 알리는 도농교류 프로그램, 오래오래 남아 멀리까지 전해지는 '글'로 알리는 상생 웹진 발행까지 다방면으로 '농업유산'을 알리는 일을 펼치고 있습니다. 이 프로젝트의 가장 주된 목표는 농업유산을 조명함으로써 대중의 가치소비 경험의 창출, 그리고 도시와 농촌의 구성원 간 연대의식을 고취하는 것입니다.

농업유산은 농업인이 해당 지역에서 환경과 사회, 풍습 등에 적응하며 오랜 기간 형성시켜온 유·무형의 농업자원입니다. 이 중 보전할 가치가 인정되는 것을 '국가중요농업유산'으로 지정하고 있으며, 현재 제19호(2025년 1월 현재)까지 지정되어 있습니다. 프로젝트 초기에 우리는 함께할 지역을 선정함에 있어 '국가중요농업유산으로 선정된 지역'이라는 기준을 두었습니다. 또한 서울과 지역을 자주 오가야 했기 때문에 여러 후보 지역 중 접근성이 비교적 좋았던 전라북도 완주지역이 보유한 국가중요농업유산 제13호 '완주생강전통농업시스템'에 먼저 관심을 두고 지역을 조사했습니다.

2월에는 무작정 완주로 떠나는 일정을 잡아두고 농업유산을 둘러싼 다양한 관계자들에게 연락해 프로젝트를 소개하고 만남을 약속했습니다. 완주는 일찍부터 사회적경제가 활성화되어 있고, 연대와 화합을 실천하는 지역이라 주민 간 협동과 외지인에 대한 환대 문화가 형성되어 있었습니다. 곳곳마다 청년들의 이주·정착이 비교적 잘 이루어지고 있으며, 관 및 원주민들과의 협력관계도 원만히 구축되어 활기를 띠고 있었습니다. 녹원이 완주에 내려가 받은 환영과 환대는 녹원의 모든 구성원이 일평생 받아본 것보다 크고 빛날 만큼 대단했습니다. 이러한 정보를 사전에 알지 못한 채 우연히 찾아간 완주는 사람과 사람 사이에 따뜻한 관계가 살아 있고, 서로에 대한 존중을 바탕으로 각자가 할 수 있는 일을 해나가는 사람들이 모여 있는 진정한 '로컬'이었습니다.

완주의 생강 이야기

완주는 아열대 작물인 생강을 들여와 최초로 재배에 성공한 지역으로 생강 농사가 발달하면서 다양한 문화가 형성되었습니다. 그러나 1960년대 농약과 화학비료 등을 사용하는 현대식 농법의 등장으로 생강밭 전체에 뿌리썩음병이 급속도로 퍼져나가 생강 생산의 어려움을 겪었고, 황폐해진 땅에서 연속적인 생강재배가 어려워지자 농부들은 조금씩 재배지를 옮겨가며 생업을 이어갔습니다. 결국은 주요 재배지가 그 주변 지역이 되어버리는 상황까지 이르렀지요. 일거리를 잃어버린 완주의 전통 생강 농부들은 노름에 빠지거나 다른 작물을 재배하기 시작했습니다. 이러한 상황에 문제의식을 가지고 해결책을 찾아낸 사람이

사진 4 | 완주생강전통농업시스템 보존위원회와 MOU 체결.

바로 현 완주생강전통농업시스템 보존위원회를 이끌어가고 계신 이민철 위원장님입니다. 그분은 완주의 생강 농사가 어려워진 이유를 두 팔 걷어붙이고 찾아나섰습니다. 오래전 생강 농사를 지었던 고령의 어르신에게 농사 문화부터 전통 생강 재배법까지 묻고 다니며 지역의 다양한 구성원들의 목소리를 모았습니다.

그렇게 찾아낸 완주 생강 농사의 비밀은 제초제나 화학비료 등 농약을 전혀 사용하지 않는 아주 전통적인 방법으로의 회귀였습니다. 생강밭에 보리를 함께 키우는 보리 간작, 생강풀(참나무류의 새순)이나 보릿대, 잡초 등 자연재료로 농작물과 흙을 덮어주는 멀칭mulching과 같이 현대 농법에서는 그저 의미 없고 귀찮은 일로 여겨지는 작업을 병행합니다. 이렇게 진심으로 농사를 짓다 보면 밭에는 눈에 보이지 않는 수억 마리의 미생물부터 땅거미와 풀벌레들이 자리잡고, 벌레를 잡아먹으러 곤충과 새들이 날아옵니다. 그렇게 생태계가 순환되는 건강한 밭

사진 5 | 도농교류 활동(생강 심기, 공동경작).

에서 자라는 생강은 뿌리썩음병에 걸리더라도 병의 원인균이 그 주변으로 쉽게 퍼지지 않습니다. 병에 걸린 생강 하나만 잘 제거해주면 나머지 생강은 무사히 자랄 수 있게 되는 것이지요. 2019년쯤부터 이민철 위원장님은 전통농법으로 토종생강을 재배하는 실험을 시작했습니다. 공동경작단을 꾸려 하나의 커다란 밭을 여러 구성원이 함께 일궈내는 작업은 전통농법의 복원과 생태계 기능 회복, 연대와 화합의 장이 되어 점차 자리를 잡아가고 있습니다.

청년의 시선으로 전하는 농촌의 진심

녹원은 '완주생강전통농업시스템 보존위원회'와 연대하여 농부님들의 진심을 세상에 전하기로 마음먹었습니다. 가장 중요하게 생각했던 것은 호혜적이고 대칭적인 관계 속에서 이들을 조명하고, 이를 통해 사회가 '농민의 노동 가치'를 지지할 수 있게 하는 시민 역량 결집의 과정에 일조하는 것이었습니다. 지역에 직접 내려가고 공동경작 활동에 참여하여 취재를 통해 매달 웹진을 발행하고, 소식지를 제작하여 유관 기관에 배포했습니다. 3월부터 8월까지는 생강을 주제로 음료 3잔과 푸딩 1종, 전통다과를 재해석한 수제다과 6종의 레시피를 개발했습니다. 음료와 푸딩은 매장에서 로컬브랜디드 메뉴로 출시했고, 수제다과는 지난 추석을 맞아 선물세트로 구성하여 판매했습니다. 맵기만 할 것 같은 생강이 다채로운 모습으로 재탄생한 것을 보고 완주와 토종생강, 전통농법과 농부님들의 진심을 사람들이 조금씩 알아보기 시작했습니다. 매장에서는 도시 청년들에게 로컬을 소개하는 강연을 열었고, 10월에는 완주의 큰 지역축제인 '완주 와일드&로컬푸드 축제'에 출점해 전통농법 홍보 및 농사 체험부스를 운영하며 어린아이부터 어르신들까지 대중에게 농촌의 이야기를 친근하게 전했습니다.

사진 6 ㅣ 개발된 생강음료 및 수제다과 선물세트.

사진 7 | 로컬 강연 프로그램 〈로컬과 도시 그 사이에서〉.

사진 8 | 완주생강전통농업시스템 체험부스.

짧지 않은 시간 동안 우리를 스쳐 지나간 수많은 사람에게 크고 작은 호기심을 불러일으키며 새로운 세계를 열고 있음을, 그들의 빛나는 눈빛과 응원의 한 마디를 통해 확인할 수 있었습니다. 우리 먹거리와 농촌에 대한 더 넓은 사회적 담론과 인식이 필요한 상황에서 녹원의 한 걸음이 분명한 의미가 있음을 느끼며 일 년의 긴 여정이 마무리되어 갑니다. 이 경험을 추진체 삼아 앞으로도 녹원이 크고 작은 '로컬'들을 서로 연결하고, 한데 모으는 구심점이 되어 건전한 공동체 문화를 이끄는 단체로 성장하길 기대하며 오늘도 우리는 단단하게 발걸음을 내딛습니다.

밭에서 벗과 연결되기

배기현
벗밭

'그럼에도 불구하고, 벗이 되고 밭이 되는 일에 대하여.'

벗밭의 시작을 함께 한 문장입니다. 친구를 뜻하는 '벗'에 '밭'을 합쳐 만든 이름처럼, 저희는 다양한 밭과 그 안의 벗들을 만나고 연결합니다. '벗밭'이라는 이름을 소개하면 가장 먼저 "농사지으세요?"라는 질문을 많이 받는데, 그럴 때마다 "밭은 없지만, 밭에 친구들을 만나러 자주 간다"고 답해요. 농사짓는 밭뿐만 아니라 지역에서 다양한 모양으로 살아가는 벗들의 삶의 터전을 만나고 있어요.

 벗밭은 '지속가능한 식문화를 알리고, 그 첫 번째 경험을 함께합니다'라는 문장을 품고, 우리가 일상에서 매일 먹는 식사를 통해 나와 환경, 그 너머에 있는 수많은 관계가 서로 연결되어 있음을 알고, 더불어 건강한 사회를 만들고자 합니다. 지속가능한 식문화를 알리는 일로는 환경 식문화 교육을 하고, 조금 더 쉽고 즐겁게 실천할 수 있는 첫 번째 경험으로 〈제철 채소·과일 모임: 즉흥클럽〉 등 커뮤니티 프로그램을 기획해요. 결국은 우리가 음식을 통해 연결되어 있음을 구체적으로 알리고 서로의 삶에 더 가까워질 수 있는 여러 방법을 마련하는 것이 저희의 일이에요.

벗밭의 시작, 농가와의 만남

벗밭은 2019년, 대학 안에서 파머스마켓(농부시장)을 열고 싶었던 친구들이 모여 농부님들의 농산물을 꾸러미로 소개하는 활동으로 시작했어요. 대부분 기숙사에 살거나 혼자 살아서 자신의 끼니를 챙기는 것이 쉽지 않은 환경이었는데, 그래서 먼저 우리가 잘 먹고 잘 사는 방법을 찾고 실험했어요. 일주일간 비건으로 살아보기, 가공식품 줄여보기, 제로웨이스트 실천하기, 식사와 관련된 다양한 이들의 인터뷰 등 여러 행동과 이야기를 모았습니다.

파머스마켓을 열고, 먹는 고민을 하면서 우리가 얼마나 농촌과 멀리 떨어져 있는지 체감했어요. 대부분 도시에서 나고 자랐기에 아는 농부님이 한 분도 없었고, 심지어는 여행을 가서도 농사와 관련된 분

사진 1 | 거창 농가 일손 돕기.

들을 만난 적이 없었죠. 우리가 먹는 것 이면에 많은 분의 삶이 연결되어 있다는 걸 글을 통해서만 어렴풋이 알았어요. 그래서 직접 만나기 위해 거창에서 사과 농사를 짓는 농부님과 공동체 분들을 만나는 농가 방문을 떠났어요.

거창의 농가 방문으로 도시에 살면서 경험하지 못했던 강렬한 연결감을 느끼는 계기가 되었습니다. 서툰 손으로 농사일을 도우면서 사과를 기르는 데에는 우리가 알지 못하는 수많은 과정과 손길이 필요하다는 걸 배웠어요. 특히 친환경적인 방식으로 사과를 키우기 위해서는 풀을 직접 관리하고, 잎을 따고, 가지를 정리하는 등의 많은 과정이 있었죠. 또한 도시와 농촌이라는 상반된 환경에서 살아가더라도 삶의 지향점을 나눌 수 있는 관계의 가능성을 만났어요. 도시에 살면서 조금이라도 벗어나면 안 될 것 같은 획일화된 삶의 모습, 합리성과 효율성을 중심으로 작동하는 선택의 기준, 다른 지역이나 존재에 기대는 것 이상으로 착취할 수밖에 없는 일상의 양식 등에 대한 고민이 많았어요. 함께 식사하며 이야기를 나누던 중 서로의 고민이 교차하는 지점을 만날 수 있었어요.

나의 한 끼 식사를 건강하게 꾸리기 어려운 도시에 사는 이들, 먹거리를 기르며 땅을 살리고자 하는 농부들의 고민은 서로 맞닿아 있었어요. 도시에서 선택하는 한 끼의 식사에는 우리의 식탁에 올리기까지 거쳐오는 수많은 손길이 들어 있어요. 거창의 농가 방문은 그 존재들의 삶 또한 함께 건강하게 지속가능하도록 하기 위해 어떤 선택이 필요할지 함께 고민하고 바꿔야 한다는 것을 피부로 느꼈던 시간이었어요. 그 이후로 도시에 사는 여러 또래 청소년, 청년들에게 계속해서 보이지 않는 연결을 보여주고 경험할 수 있는 다양한 콘텐츠와 프로그램을 만들었어요.

다양한 점을 연결하기

도시와 농촌을 연결하는 첫 번째 방법은 서로의 삶의 공간에서 접점을 만들고 이야기하는 자리를 만드는 거예요. 가장 직접적인 건 지역으로 찾아가는 것이겠지만, 저희는 다양한 차원의 경험을 만들고자 해요. 가장 짧고 가벼운 모임은 〈즉흥클럽〉으로, 다양한 품종의 제철 채소와 과일을 함께 나눠 먹는 모임이죠. 1~2인 가구에게는 수박 한 통, 과일 한 박스의 무게가 아주 크기 때문에 다양한 품종의 채소·과일을 나누어 먹으면 우리의 식탁이 더 다채로워져요. 이때 농작물을 통해 기후위기가 농사와 농부에게 주는 영향을 감각하고, 식탁 위 다양성에 대해서도 자연스럽게 이야기해요.

사진 2 | 〈즉흥과일클럽〉.

사진 3 | 〈퇴근 후 마르쉐〉에서 꾸러미를 나누고 함께 요리해 먹는 모습.

 거리를 조금 더 가까이 만드는 건 함께 꾸러미를 나누고 요리하는 모임이에요. 마르쉐 농부시장과 함께 하는 〈퇴근 후 마르쉐〉라는 계절에 한 번 여는 모임으로, 퇴근 후 저녁에 모여 농부의 꾸러미를 나누고, 함께 요리해 먹어요. 배추나 무 하나도 부담스러워하던 친구들이 이 경험을 통해 일상에서 조금 더 나와 주변을 돌보는 식탁에 가까워졌어요. 평소에 안 하던 음식을 해보고, 안 쓰던 식재료를 먹을 수 있게 되었다는 후기를 나누어준 분들이 많았습니다.

 꾸러미 모임 중 한 번은 농가로 여행을 떠나는데, 우리가 받은 꾸러미가 길러진 지역의 풍경, 농부의 마음과 땅의 생명력을 느낄 수 있어

사진 4 ㅣ 제주 '무조리실' 앞에서 직접 만든 여럿글씨 현수막과 함께 〈환대의 식탁〉(위).
제주 '소농로드'에서 함께 단호박을 수확했다(아래).

요. 한 분은 먹을 때마다 농장에 갔던 기억이 나서 농장의 풍경이 더 궁금해졌다고 해요. 그만큼 누군가와 식사를 나누고, 얼굴을 아는 농부가 정성으로 기른 것을 먹는 것이 식사 너머의 풍경을 가늠할 수 있는 마음을 열어주고, 도시와 농촌의 거리를 좁힐 수 있음을 알 수 있었어요.

마지막으로, 지속가능한 삶과 식문화를 실천하는 가장 큰 전환점이 되는 경험 중 하나는 직접 지역에 가서 지역과 관계 맺는 거예요. 방학마다 진행하는 〈환대의 식탁〉 혹은 〈식탁 너머〉라는 이름의 지속가능한 식문화 탐방 프로그램이 대표적입니다. 2024년 겨울과 여름에는 20대 초반의 친구들 약 15명과 함께 제주에 가서 제주의 다양한 토속 음식을 먹고, 제주의 자연을 만나고, 밭에서 농부인 벗을 만났어요.

 단순히 지역 농장을 방문해서 한 번 경험하는 것이 목적은 아니에요. 우선 내 삶의 맥락에서 '식사'란 어떤 의미인지, 나는 어떤 방향으로 삶을 지어가고 싶은지 고민하고 돌아봅니다. 그리고 지역에서 살아가는 농부의 하루를 온전히 경험합니다. 지난 1월엔 구좌읍에 있는 농장에서 약 2,000평의 감자 수확을 도왔어요. 수확한 감자를 모으고 옮기는 일을 하는데, 몇 개 꺼내보는 체험이 아니라 정말 농장의 '일'을 경험했죠. 물론 수확 이전의 과정까지 모두 함께하진 못했지만, 땀을 흘려 수확하면서 무농약으로 농사 짓는 것의 어려움, 기후위기로 인한 오랜 가뭄으로 농사가 어려워진 상황 등을 알게 되었어요. 수확한 감자로 함께 식사를 마련하고, 저희가 머물렀던 강정지역 활동가 식당에 나눌 반찬을 만들기도 했어요. 다양한 경험을 통해 각자가 지역과 관계 맺는 시간이 되었길 바라요.

 "관계가 눈에 선명하게 보여 새로웠고, 인간적인 연결이 주는 따뜻함을 느낄 수 있었습니다." "소비가 변해야 생산이 바뀐다. 내가 만난 생산자들을 내가 있는 위치에서 도울 수 있는 일을 해야겠다."

 참여자들의 후기 중 일부입니다. 제주에서 만난 사람들의 환대를 느끼고, 삶에 대한 고민을 나누며 관계를 쌓는 시간은 단순히 먹는 것을 넘어 삶의 가치와 방향성을 성찰하는 기회였어요.

환대와 연결

예전에는 내가 발을 딛고 살아가는 지역과 공간 안에서 일어나는 연결과 만남의 자리가 더 자연스러웠을 거예요. 사실 오늘의 사회는 마음만 먹는다면 다양한 네트워크로 그 어느 때보다 연결될 수 있지만 오히려 파편화, 개인화가 심해지고 있어요. 함께 모여 따뜻한 밥 한 끼를 먹는 게 특별한 일처럼 느껴지고, 내가 입고 먹고 사는 것이 어디에서 어떻게 오는지 그 거리감은 더 커지기만 합니다.

저희는 이런 사회에서 식탁을 매개로 조금이라도 더 많은 환대와 연결의 문화를 만드는 게 꿈입니다. 서로 다른 곳에 살더라도 서로에게 잘 기대어 살 수 있고, 그 관계가 일방적이거나 물질로만 맺어진 게 아니라 인격적인 관계가 되길 바랍니다. 2016년 일본의 다카하시 히로유키가 말한 '관계인구'라는 개념처럼, 도시에 살면서도 지역과 관계를 맺고 지역에 사는 이들과 교류하고 연결되어 있다고 인지하는 사람이라고 할 수 있어요. 저희가 여러 벗을 만나서 정기적으로 지역 농장에 가는 것처럼, 한 명이라도 다른 지역의 삶과 사회에 관심을 가지는 계기를 마련하고자 해요. 당장 내 삶이 전환되는 게 아니더라도, 내가 먹는 것이 어떤 삶과 존재에게 영향을 줄 수 있는지 아는 것만으로도 긍정적인 순환이 시작돼요. 각각 점처럼 떨어져 있는 이들이 만드는 작은 변화가 모여 선이 되고, 면이 될 수 있도록 연결하는 매개자 역할을 계속하고 싶습니다.

농農을 위한
영농형 태양광의 길

김형수
공익법률센터 농본
정책팀장

임박한 영농형 태양광

영농형 태양광이라 함은 농지에 농사를 지으면서 동시에 태양광 발전을 할 수 있도록 만드는 발전시설을 말합니다. 대체로 농지에 기둥을 박고 상부에 태양광 패널을 설치하는데, 최근에는 농지 가장자리에 패널을 수직으로 설치하는 형태도 연구되고 있습니다. 농사도 짓고, 햇빛 발전도 하니 식량 생산, 소득 증대, 에너지 전환에 따른 기후위기 대응이 가능한 발전 형태로 주목받고 있습니다.

영농형 태양광이 주목받는 또 다른 이유는 농지를 전용하는 농지태양광(농촌태양광)이 농사짓는 농민들(임차농)을 쫓아냈기 때문입니다. 대표적으로 전남의 간척지 평야지대에서 외부 자본이 지주들에게 높은 임대료로 농지를 빌려 태양광을 설치하면서 그 땅을 빌려 농사짓던 쌀 전업농들이 농지를 빼앗기는 일이 있었습니다. 농지가격이 오르고, 식량 생산은 줄고, 마을 내 갈등이 생기면서 전남 농민들의 고통이 이만저만한 것이 아니었습니다.

그런데 2018년 폭염, 2020년 50여 일 간의 장마, 올해 2024년 폭염 등 극단적 날씨가 빈번해지는 기후위기가 심각해지면서 태양광 발전 확대를 향한 사회적 압력이 점점 커지고 있습니다.[1] 지구를 뜨겁게 하는 탄소를 배출하는 석탄화력발전을 줄이고, 탄소 배출이 없는 태양광 및 풍력발전을 확대해야 하는 시대가 된 것입니다. 농민에게서 농지를 빼앗는 농지태양광이 일으키는 부작용이 크다 보니, 이를 현저하게 줄이는 영농형 태양광을 도입하자는 목소리가 그 어느 때보다 큽니다.

사단법인 영농형태양광협회 김창한 사무총장은 청주시에서 농사를 짓는 농민이자 영농형태양광발전소를 운영하고 있습니다. 김 사무총장은 농가의 농업 소득이 1,000만 원도 채 되지 않고, 농촌의 인구는 계속 줄어들며 소득이 없어 농촌에서 사람이 떠나는 마당에 농사도 짓고 태양광 발전도 하면 농민의 소득이 대폭 늘어날 수 있다고 말합니다. 이에 따라 농가경제 및 농촌에 다시 활력을 불어넣을 수 있다며 영농형 태양광을 농민이 직접 해야 한다고 강조합니다.

이렇게 기존의 농지태양광의 단점을 줄이면서 상대적으로 장점이 많다 보니 농림축산식품부에서도 영농형 태양광을 적극적으로 추진하고 있습니다. 지난 11월 초 국회 예결산심사위원회에서 더불어민주당 임미애 의원이 송미령 농림축산식품부 장관에게 영농형 태양광 추진을 위해 2025년 예산 편성을 한 바 있는지 질의하자 송 장관은 예산 편성은 하지 않았지만, 구체적인 추진 계획을 준비중에 있다고 답변한 바 있습니다.

현재 우리나라의 경우 영농형 태양광을 하려면 농지의 '타용도 일시사용 허가'를 받거나, 농지전용을 해야 합니다. 농지전용을 하면 직불금 대상 면적에서 해당 농지가 제외되고, 타용도 일시사용을 하면 8년

---

[1] 이 외에도 삼성과 같은 수출 대기업들이 재생에너지로 제품을 생산해 국제경쟁력을 갖출 수 있도록 해야 한다는 산업 경쟁력 논리도 한몫 하고 있습니다.

밖에 발전을 하지 못하기 때문에 수익성이 없습니다.[2] 통상 태양광 발전 사업이 20년 정도 가능한 것에 비하면 8년은 매우 짧은 시간입니다. 영농형 태양광이 가능하려면, 타용도 일시사용 허가가 20년은 보장되어야 합니다.

영농형 태양광, 농민으로선 합리적 선택인가

농민에게 영농형 태양광이 합리적 선택이 되려면, 무엇보다 수익성이 우선되어야 합니다. 영농형 태양광을 위한 농지의 '타용도 일시사용' 허가 기간이 20년이 되더라도, 전력 가격이 일정 수준 보장되지 않으면 수익성을 담보하기 어렵습니다. 우리나라의 경우 작은 규모의 태양광 발전을 지원하기 위해 소형태양광 고정가격매입제를 실시하다 2023년 종료했습니다. 한국농촌경제연구원은 이 제도가 없을 시 20년 동안 영농형 태양광을 보장해도 수익이 없을 수 있다는 지적을 한 바 있습니다.[3]

두 번째는 농작업의 편의성입니다. 농지에 파이프 기둥을 설치하고, 패널을 설치하면 기계 작업 등 농작업이 다소 불편해집니다. 가령 최근 드론을 통한 항공방제 등이 이뤄지는데, 방제가 방해받는 불편도 예상해볼 수 있습니다. 물론 선행 시범 연구를 통해 농기계 진입이 가능한 기둥의 배치 간격과 높이에 대한 조사가 이뤄진 바 있습니다. 하지만 패널의 각도에 따라 빗물이 패널을 타고 흘러내리면서 땅 파임

---

[2] 우리나라에서 농지전용이나 농지 타용도 일시사용 허가를 통해 태양광을 하려면 비우량농지(비농업진흥지역)이거나 우량농지(농업진흥지역) 중 농업보호구역에서는 1만제곱미터까지만 허용됩니다.

[3] 태양광발전소 매출은 전력 판매와 재생에너지공급 인증서 판매로 구성됩니다. 생산한 것은 전기이지만, 추가로 재생에너지로 만든 전기임을 증명하는 인증서 판매가 가능한 것입니다.

현상이 발생하는 등 농지 관리에 문제가 생깁니다. 이 경우 패널의 각도를 조정해야 하는데, 농민들이 농작업 중 신경 써야 할 일들이 추가된다는 점을 꼭 기억해야 합니다.

세 번째는 발전시설 관리와 운영의 문제입니다. 20년 넘게 장기간 발전사업을 해나가야 하고, 기둥 등 시설의 노후 관리, 패널이나 인버터의 고장 대응 등 시설 관리가 제대로 이뤄져야 합니다. 특히 수요와 공급이 정확히 일치해야 하는 전력의 특성상 여름철 태양광 발전이 급증하는 경우 발전시설이 밀집한 전남과 전북 소재 태양광 발전은 정지 조치(출력 제한 조치)가 되기도 합니다. 소규모 태양광은 아직 크게 영향을 받지 않지만, 발전소가 밀집하고 지역 내 발전소 설치 총량이 늘어나면 발전량 관리에 변수가 생기기도 합니다. 이 경우 발전소 운영을 대행하는 업체들에 관리 위탁을 하는 일도 발생할 수 있을 것입니다(이는 수익성과 연결이 됩니다).

네 번째는 발전사업 진입장벽의 문제입니다. 영농형 태양광 발전사업을 하기 위해서는 몫돈 투자가 요구됩니다. 영농형 태양광 100kW 기준 600~700평, 대략 1억7,000만 원에서 9,000만 원 정도의 비용이 필요합니다. 정부의 경우 농협을 통해 80퍼센트 정책 대출을 실시하고 있는데, 나머지 20퍼센트도 부담이 돼서 진입하지 못하는 농민들이 있을 수 있습니다.

다만, 정부의 경우 20년 이상 영농형 태양광을 추진할 수 있도록 농지제도와 정책 대출제도를 손보고 있습니다. 또 수익성을 위해 전력가격 보장을 위해 관련 제도를 준비중에 있습니다. 그리고 농작업이 방해되지 않는 시범 연구와 사례도 많이 쌓여가고 있습니다.

발전시설 관리와 운영의 문제는 향후 중장기 문제이며, 관리 대행업체들도 전문성을 향상시키고 있기도 합니다. 그러므로 앞선 문제들이 해소된다는 전제에서 영농형 태양광은 개별 농민들에게 합리적인 선택이 될 수 있습니다.

다수의 농민들이 영농형 태양광을 선택한다면

농촌의 측면에서 보자면, 경관과 송전탑 문제가 발생합니다. 현재 우리나라의 영농형 태양광 정책은 개별 농민을 대상으로 하고 있기에 본인 소유 농지에 설치할 수 있도록 설계되고 있습니다. 물론 농촌공간계획법에 따라 재생에너지지구를 지정해 영농형 태양광 설치를 집적화할 것으로 예상은 되지만, 설치 단위는 개별 농민 소유 농지입니다. 이 경우 분산된 태양광 설치로 인해 경관상 공해가 발생할 수 있습니다. 또 특정 지역에 밀집되면 전기를 송전할 송전탑, 변전소 등이 설치되어야 합니다. 우리 동네에 태양광이 많을수록 옆동네에 송전탑이 늘어나는 것입니다. 결국 태양광을 바라보고 생활해야 하는 마을 내 주민 간의 갈등, 태양광 때문에 송전탑을 마주해야 하는 마을 간 갈등이 발생합니다.

농업의 측면에서 보자면, 작물 쏠림 현상과 농사 포기 현상 문제가 있습니다. 태양광 발전 패널 밑에는 일정하게 그늘이 형성됩니다. 대체로 작물 생산이 줄어들지만 그늘에서 잘 자라는 작물도 있습니다. 일본의 경우 영농형 태양광 패널 밑에 그늘을 좋아하는 생강을 재배하는 농가가 늘었다는 문제도 제기된 바 있습니다. 작물 쏠림 현상을 예방하기 위해 농민에게 재배 작물 선택을 강제할 수 있을지는 매우 불확실한 영역입니다.

또 영농형 태양광 수익이 농사로 인한 수익보다 높을수록 농사를 지어야 할 이유가 없기 때문에 농사 포기 혹은 중단 현상이 발생할 수 있습니다.[4,5] 이런 현상들을 현재의 행정력으로 차단할 수 있을까요? 현재도 실경작 여부를 확인하는 행정력은 미비해 부재지주 문제가 해소되지 않고 있기에 더욱 우려할 수밖에 없습니다.

마을은 영농형 태양광을 어떻게 봐야 하나

영농형 태양광이 미치는 농민에 대한 영향, 농업에 대한 영향, 농촌에 대한 영향은 결국 마을에 대한 영향이기도 합니다. 어느 날 우리 마을 주민이 영농형 태양광을 설치한다면 어떻게 될까요? 갑자기 우리 마을이 영농형 태양광을 설치할 수 있는 구역으로 지정[6]된다면 어떻게 대응해야 할까요? 한두 집에 그치지 않고, 개별 주민이 이곳저곳 설치하게 된다면? 태양광만 설치하고 농사를 짓지 않아서 농지 주변 풀 관리(곧 경관 관리)가 안 되면? 그나마 안온한 경관이 어지러워지면 어쩌나 우려하는 주민도 있을 것입니다. 또 행정력의 한계를 틈타 외지 사람이 땅을 빌려서 발전사업을 하는 것은 아닌가 걱정할 수도 있습니다. 반면, 영농형 태양광이 사회적으로 필요하고, 농민에게도 도움이 되는데, 내 땅 내 맘대로 하는 것에 왜 남이 토를 다느냐고 반문하는 농민도 나타날 것입니다.

개별 농민을 발전사업자로 만드는 영농형 태양광 정책은 반드시 마

---

4 영농형 태양광 추진을 위해 국회에서 발의된 여러 법안 중 작물 생산이 일정 수준 이하로 줄어들면 발전사업을 중단 혹은 취소하도록 하는 내용도 포함된 바 있습니다. 그런데 날씨의 변화가 큰 상황, 생산물 변동성이 큰 농업의 특성상 타당한 방향인지는 의문일 수밖에 없습니다.

5 영농 수익에 발전 수익이 더해질수록 농지가격은 상승하게 되고, 농지가격 상승은 신규 창업농의 진입을 어렵게 하거나 농민이 농지를 추가 확보하는 것을 저해하는 등의 문제가 생깁니다. 이는 현재 농업구조가 당면한 문제인데, 영농형 태양광으로 심화될 수 있습니다.

6 농촌공간계획법에 따라 자치단체장은 재생에너지지구를 지정할 수 있습니다. 이 과정에서 주민들의 의견을 수렴하도록 했지만, 법에는 토지수용 조항도 있어 가능성 만큼이나 위험 요소가 큰 법이라 할 수 있습니다. 향후 이 법의 영향을 주의 깊게 살펴봐야 합니다.

을의 관점으로 재편되어야 합니다. 개인의 소유 농지를 개인이 결정하는 방식은 마을에 또 다른 긴장과 갈등으로 이어집니다. 태양광을 설치하는 농지는 개인 소유일지 모르지만, 농지는 마을 안에 있고 농지를 가꾸는 방식은 마을 전체의 경관 유지와 주민 간의 관계와 맞닿아 있습니다.[7] 그러므로 농가소득, 에너지 전환을 견인한다는 명분으로 개인 소유 농지의 토대 위에서 영농형 태양광을 쌓아올릴 것이 아닙니다. 마을의 공간을 어떻게 공동으로 가꾸고 관리할 것인지, 발전사업의 수익을 어떻게 마을의 공동자원과 이익으로 만들 것인지, 마을이 함께 미래를 기획할 수 있도록 해야 합니다. 마을의 눈으로, 공동체의 시선으로 영농형 태양광을 바라보지 않으면 마을은 또 다른 분란으로 상처를 입게 됩니다.

농을 위한 영농형 태양광은 마을에서 길을 찾아야 합니다. 경관이 걱정되면 여기저기 영농형 태양광을 짓지 않도록 해야 합니다. 마을 사람들의 시선이 닿지 않는 곳에 해야 합니다. 이렇게 되면 후보지가 한정되는데, 해당 후보지를 소유한 사람만 발전 수익을 얻는 것은 태양광이 어지럽게 들어서게 만드는 불안요소가 됩니다.

그러니까 농지 소유자만이 이득을 독점하지 않고, 공유할 수 있도록 해야 합니다. 꼭 공유가 아니면, 마을의 동의가 있어야 합니다. 영농형 태양광을 하는 마을의 농민이 주민의 인정과 지지를 받을 수 있도록 해야 합니다. 마을이 지지해서 발전사업자가 된 농민은 마을과 주민들을 존중하고, 기꺼이 이익도 얼마간 공유하는 문화가 만들어져야 합니다.

물론 이는 필자가 생각하는 이상적인 모습에 불과합니다. 그렇지만 그 이상을 마을이 함께 그려갈 때 농을 위한 영농형 태양광의 길이 보이기 시작할 것입니다.

[7] 우리 마을에 설치된 대규모 태양광 때문에 옆 마을엔 송전탑이 생깁니다.

벼림

농민·농업·농촌 연속좌담 12

이미
이민사회로
진입한 농촌,
어떤 변화가
필요한가?

농민·농업·농촌을 둘러싼 당면 문제를 해결하기 위해 농민·주민·활동가·
연구자 등이 모여 서로의 관점을 교차시키며 깊이 연속해서 토론합니다.
그동안 국가와 정책결정자들의 관점에 의해 틀지어져오던 농촌 문제의
숨겨진 세부를 재발견하고, 그 문제들을 해결할 보다 정밀하고 통합적인
사유와 자율적인 실천의 장을 준비합니다.

이미 이민사회로 진입한 농촌, 어떤 변화가 필요한가?

참석 | 금창영, 김선애, 김정섭, 유요열, 정민철
사회 | 금창영
기록 | 강윤정
때 | 2024년 12월 13일(금) 오후 6시~8시
곳 | 오누이권역센터 워케이션 회의실

금창영 안녕하세요. 오늘 좌담회의 주제는 '다문화사회, 농촌'입니다. 홍성이주민센터 유요열 이사장님, 장곡초등학교 김선애 선생님, 한국농촌경제연구원 김정섭 선임연구위원님, 젊은협업농장 정민철 상임이사님을 모시고 주제와 관련한 이야기를 나누어보려고 합니다.

    지금까지 『마을』에서 주로 다뤘던 주제들은 농민·농업·농촌과 관련된 정책이나 제도였습니다. 그와 다르게 이번 13호는 농촌사회에서 일어나고 있는 구체적이지만 조금은 낯선 변화를 다뤄보려고 합니다. 아직 우리 사회에서 충분하게 정책적 논의나 대안적 활동들이 이루어지고 있다고 할 수 없기 때문에 어떻게 다뤄야 할지 방향이 많이 고민되기도 했습니다. 하지만 우리 학회지가 '농촌사회로부터의 발신의 의미'를 내포하고 있으므로 농촌사회가 겪고 있는 변화상을 소상히 살펴보고 부족하나마 대안을 찾아보고자 합니다.

유요열 저는 (사)홍성이주민센터 이사장입니다. 원래 직업은 목사입니다. 이주민과 관련한 이야기를 하려면 말이 장황해집니다. 대부분의 사람들이 관련 제도나 상황들을 너무 모르시기 때문에 부연설명이 많아지기 때문이죠.

제가 이주민 인권에 관심을 가지고 활동을 시작한 것은 2003년으로 거슬러 올라갑니다. 농촌 총각들 장가보내기 위해 중매업소를 통한 반인격적 매매혼이 폭발적으로 증가하기 시작한 즈음이죠. 알고 지냈던 필리핀 새댁과 그의 친구 10여 명과 함께 2004년에 한글학당을 시작하게 됐습니다. 금세 50~60명으로 인원이 늘어났어요. 우리끼리는 한국어 공부도 하고 같이 밥도 먹고 놀러도 다니며 재미나게 지냈습니다. 하지만 폭발적으로 입국자 수가 늘고 있는데도 국가 차원의 대책이나 지원제도는 전무했습니다. 아무 준비도 없는 상태에서 브로커를 통한 매매혼이 이뤄지다 보니 자살, 폭행 등 참혹한 일들이 연이어 발생했습니다. 빨리 관련 지원법을 만들어야 한다고 열심히 투쟁했고 그 결과로 2008년 3월에 다문화가족지원법이 제정되었습니다.

이후 지원법에 근거해 기초지자체마다 다문화가족지원센터(현 가족센터)가 생겼고, 일상적인 지원업무를 담당하게 되었죠. 그래서 그간의 활동을 일단락 지으려고 했는데 이주노동자의 수가 점점 많아지면서 관련한 문제가 커지기 시작했습니다. 또 다문화가정에서 태어난 2세들이 받는 차별이 사회 이슈화되면서 위기의 아이들을 돕는 것이 시급하다고 느껴 아동센터를 개소했어요. 과거 우리나라처럼 엄마 나라의 말을 쓰지 못하게 하는, 사회적 압박이 강한 폭력적인 나라는 없습니다. 엄마가 어눌한 한국어로 아이들과 정서적 교감을 하니 가정 내에 문제가 생기는 거죠. '다문화'라는 용어도 원래는 나쁜 의미가 아니지만 특별한 상황이나 자격을 부각시키는 용도로 쓰이면서 차별적 용어가 되어버렸어요.

통상 국적 배경의 다양성이 인구의 5퍼센트를 넘으면 다문화사회, 10퍼센트가 넘어가면 이민사회라고 합니다. 우리나라는 아직 10퍼센트에 조금 미치지 못하지만 농촌은 이미 이민사회에 진입했다고 봐야 합니다. 우리 사회에서 힘든 노동은 대부분 이주노동자들이 감당하고 있고, 힘든 일의 대명사인 농업 분야도 마찬가지입니다.

우리도 일하기 위해 거주지를 옮기면서 살잖아요. 그처럼 이주노동자도 일을 하기 위해 이주해온 사람들입니다. 그들을 이웃으로 받아들이고 이방인이 아닌 주민의 일원으로 끌어안아야 합니다. 그렇지 않으면 농촌사회의 붕괴는 더욱 가속화될 겁니다.

김선애 유요열 이사장님이 말씀하신 '다문화' 용어 변경이 필요하다는 말에 매우 동의합니다. 이제 이주배경, 이주배경 가정, 이주배경 학생, 이주배경 노동자… 이렇게 용어를 정리해나가는 것이 필요합니다. 2016년 홍성초에서 근무할 당시 많은 아이들이 유요열 이사장님이 설립한 한사랑지역아동센터를 다녔던 것이 기억나네요.

학교에서는 어려움을 겪는 아이들을 위해 '교육복지 우선지원 사업학교의 교육복지실 허그쉼터'를 운영하는데 복지 대상 선발 기준 중에서 다문화가정은 후순위에 있어요. 장학금이나 정서 지원에 있어서도 마찬가지입니다. 계절에 맞지 않는 옷을 입는다거나 식탐이 폭발하는 아이 같은 경우 뭔가 가정에 문제가 있는 거죠. 이런 아이들이 눈에 띄면 가정방문도 하고 심층면담도 하면서 아직 발견되지 못한 사례들을 발굴하기 위해 애쓰고 있습니다. 다문화가정의 문제도 알고 보면 여느 가정에서나 볼 수 있는 '가정 문제'입니다. 문제가 있는 가정의 아이들이 방치되고 학대받는다는 건 같으니까요. 그런데 마치 다문화가정이어서 문제가 있는 것처럼 호도되는 거죠.

저는 현재 충남 홍성군 장곡면에 위치한 장곡초등학교에서 3학년 담임을 맡고 있습니다. 3학년 학생은 모두 4명인데 그중 절반에 해당하는 2명이 엄마가 외국 출신인 이주배경 아동입니다. 전교생 32명 가운데 부모 모두 이주배경 없이 한국인인 경우가 40퍼센트 정도 됩니다. 그리고 한국에서 태어났지만 엄마가 이주배경을 가지고 있는 경우가 또 40퍼센트 정도 됩니다. 마지막으로 부모 모두 외국 출생이고 아이가 태어난 후 가족이 함께 한국으로 이주해온 경우가 20퍼센트 정도 됩니다.

유요열 세 번째 경우의 아이는 외국인 등록증을 가지고 있어요. 하지만 두 번째 아이의 경우는 국제결혼가정에서 태어난 한국인입니다. 첫 번째 경우와 신분상 다를 바가 없는 거죠. 충남 아산시에 있는 특정학교의 경우 오히려 한국 아이들이 소수가 되어버린 곳이 있어 그게 또 문제가 되기도 해요.

김선애 10년쯤 전인 2010년에 제가 천안시에 있는 초등학교에 근무할 때는 러시아계 아이들이 많아서 한국어 학급이 개설되기도 했어요. 러시아 출신 아이들을 한 학급에 모아놓고 러시아 언어가 가능한 선생님이 수업하면서 한국어 공부도 집중적으로 시키는 방식이었습니다. 지금 와서 생각해보면 아이들의 학습 장애요인이 언어만의 문제가 아니라는 생각이 듭니다. 언어와 상관없이 사회적으로 습득되어야 할 부분이 있는 거죠.

유요열 제 경험에 비추어보면 이주배경 아이들의 경우 제 나이에 맞는 기초학력을 못 갖추고 있는 경우가 많아요. 가뜩이나 기초학력이 떨어지는데 한국어로 수업하면 도저히 따라잡을 수가 없죠. 한국어로 수업해도 괜찮은 과목부터 단계적으로 접근해 점점 더 한국어 수업 과목을 늘려가는 것이 바람직하지만 교육예산상 현실에서는 어렵죠. 그러니 학교에서 그냥 엎드려 있다가 집에 가는 애들이 생길 수밖에 없는 구조입니다.

김선애 교사는 한국의 교육시스템을 거쳐 교원이 되는 거잖아요. 그런데 시스템에서 전혀 배운 적이 없는 상황에 놓이게 된 겁니다. 그러니 학교에서 맞닥뜨리는 아이들을 어떻게 대해야 하는지 엄청난 부담감이 있는 거죠. 학령기 인구가 계속 줄어들고 있기 때문에 이주배경 아이들의 존재는 더욱 중요해졌습니다. 늦은 감이 있지만 지금이라도 세심하게 교육정책을 가다듬어야 합니다. 이주배경 학생들을 잘 가르치고 인재로 키워서 우리나라에서 행복하게 잘 살 수 있도록 해야죠. 지금의 이주배경 학생들이 자라서 교사가 되고, 다시 이주배경 아이들을 가르치게 하는 장기적 안목과 로드맵이 필요하다고 봅니다.

금창영 이중언어가 가능하다는 것은 사실 매력적인 일이에요. 그런데도 이주배경 아이들이, 그러니까 엄마의 국적이 다른 문제 등으로 다른 아이들로부터 따돌림을 받는다거나 갈등이 생기는 경우도 종종 있을 것 같은데, 어떤가요?

유요열 과거에는 그런 일들이 있었지만 지금으로서는 아주 잘못된 편견입니다. 이제 아이들 사이에서 엄마가 어느 나라 출신이냐는 아무 문제가 되지 않습니다. 더 이상 특이할 것 없는 일상이죠. 다만 가정 내

정서적 환경이 어떠냐 하는 것이 핸디캡이 될 수 있는데 그것은 한부모가정, 조손가정 등이 겪는 어려움과 다를 바 없이 다뤄야 하는 문제라고 생각합니다.

김선애 좀 전에 엄마의 언어를 못 쓰게 하는 문제를 얘기하셨는데, 농촌의 경우 3세대가 함께 사는 경우가 많다 보니 아이들이 더욱 엄마의 언어를 쓰지 않아요. 조부모들의 무언의 압력이 있는 거죠. 거기에 더해 가부장적인 남편이 아내를 존중하지 않는 모습을 목도하다 보면 엄마와의 감정 교류가 원활하게 이뤄지지 않습니다. 그게 아이들의 정서에 미치는 영향이 커요.

    제가 담임을 맡았던 이주배경 가정 A학생의 경우 할머니와 함께 살고 있고 엄마와 아빠가 따로 방을 씁니다. 그러면서 주로 할머니와 아빠가 아이를 돌보며 숙제 등을 봐주니까 엄마에 대한 정을 못 느끼는 것 같아요. 엄마와 상담을 해보면 엄마는 좀 더 육아에 참여하며 자기 방식으로 키우고 싶어하는데 그게 가정 안에서 용납이 안 되는 거죠. 그 틈이 커지면서 자꾸 다툼이 생기고 아이는 불안해합니다. 엄마 아빠가 싸우면 너무 무섭다면서 이혼할지도 모른다는 말을 합니다. 아이에게 '내가 태어나서 그런가?'라는 자책이 생길지도 모르죠.

유요열 한국인들도 과거에 일본이나 독일에 일하러 많이 이민 갔잖아요. 그 가정들도 똑같은 일들을 겪었습니다. 3세대, 4세대로 가면 부모들과 전혀 대화가 되지 않는 상황들이 벌어지게 되는 거죠. 그런 조건에서는 가정이 행복할 수 없겠지요.

김선애 장곡초 아이들은 다행히 지역아동센터 선생님들이 많은 부분을 감당해주고 계십니다. 학교 숙제도 같이 해주고 때 되면 예방접종, 건강검진도 챙겨주는 등 돌봄의 역할을 감당해주고 계세요. 가정 내에서 발생하는 문제들, 혹은 발생할지 모르는 일들에 대한 완충지대 역할을 해주고 계신 거죠. 그래서 장곡면 아이들은 건강하게 잘 자라고 있다고 자부합니다. 학교 교사는 짧게는 1년, 길어도 5년이면 다른 학교로 발령받아 떠나잖아요. 하지만 지역아동센터 선생님들은 아이의 유년 시절부터 그 아이를 둘러싼 환경이나 중요 변화, 집안 배경 등을 잘 알고 있으니 사안이 발생했을 때 가장 먼저 찾아가서 대화를 나누고 해결 방법을 의논합니다.

금창영 이주배경 가정뿐 아니라 지역주민들이 공부하고 알아가야 할 것 같습니다. 하지만 이미 이민사회로 진입하고 있는 농촌사회의 변화는 더딥니다. 그럼에도 주목할 만한 변화가 있다거나 실천적 측면에서 어떤 대안 사례들이 만들어지고 있을까요?

유요열 한참 이주가 시작되었던 20년 전과 비교해서 달라진 것이 별로 없어요. 예를 들어서 라오스 노동자들이 한국에 와서 5개월씩 계절근로를 하면 원천적으로 브로커에게 떼이는 돈이 매월 50~70만 원이에요. 이건 월급 들어오는 순간 빠져나가는 돈이에요. 그렇게 많은 계절노동자가 입국하는데도 그들을 위한 정부나 지역사회의 정책적 개입이 전무하다시피해요. 우리 사회가 이주민을 어떻게 대하고 있는지 보여주는 단면이라고 생각합니다. 지금 대통령 탄핵을 반대하는 국민이 10퍼센트도 안 된다지만 이주민들의 처지와 상황에 대한 이해가 있는 사람도 10퍼센트가 안 되는 것 같아요. 대통령 탄핵은 곧 되겠지만 이주민에 대한 우리 사회의 인식은 단번에 달라지지 않습니다. 우리 사회는 아직도 이주배경 노동자를 노동력 조달의 수단으로만 인식합니다. 아직 갈 길이 멀어요. 솔직히 컴컴한 밤에 외국인 몇몇이 몰려다니면 위축될 수 있죠. 근데 그 친구들도 무서워서 몰려다니는 거예요. 누구든 낯설면 무서운 거예요. 그러니 제대로 알리고 노력하는 것이 필요합니다.

김선애 교육현장의 긍정적인 변화를 말하자면, 이주배경 여성들이 학교에 수업하러 많이 오십니다. 예전에는 '다문화의 날' 같은 특별한 행사에만 오셨었죠. 다문화체험이라고 해서 다른 나라 옷을 입어보거나 음식·놀이체험 같은 내용이 진행되었구요. 그에 비해 지금은 일상적으로 상호이해를 돕는 교육을 진행합니다.

제가 교장선생님께 우리 학교 학생 40퍼센트가 베트남 어머니를 두고 있으니 1년 동안 베트남 언어도 가르치고 어머니 나라로 수학여행을 가면 좋겠다고 제안한 적이 있어요. 작은 학교에서는 충분히 해볼 만한 시도라고 생각해요. 또 이주배경 어머니들끼리의 커뮤니티가 아니라 구분하지 않는, 그냥 엄마들의 커뮤니티가 강화되어야 합니다. 지역마다 있는 축구단 같은 동호회에서도 자연스럽게 같이 활동했으면 좋겠고요. 이미 아이들 사이에서 차별은 존재하지 않습니다. 하지만 아이가 커가는 과정에서 사회적 인식을 습득하며 차별의식이 생기는 거죠.

금창영 홍동면에 빌라단지가 하나 있는데 그중 몇 세대가 이주배경 노동자들의 숙소로 쓰이고 있어요. 빌라에 사는 아빠들이 일주일에 한 번씩 족구를 하는데 이주배경 노동자들도 함께 참여하고 있다고 해요. 몸으로 뛰는 운동에는 특별히 말이 필요 없잖아요. 이런 사례들이 곳곳에서 일어날 때 결국 사회가 변화한다고 생각합니다.

김정섭 농업 분야에서 일하는 이주노동자와 농촌에 사는 결혼이주여성을 중심으로 저의 문제의식을 이야기하겠습니다. 이주노동자 문제는 한국 사회가 그들을 노동력으로만 본다는 데서 시작합니다. 그간 온갖 사건·사고가 생겼습니다. 2020년 포천에서 캄보디아 출신 속헹 씨가 사망했을 때 농업계 신문들의 반응을 유심히 살펴봤어요. 농협의 기관지인 농민신문은 인권 차원의 접근을 전혀 하지 않더군요. 한국농업인신문 등도 편향되기는 마찬가지 논조였습니다. 제가 아는 기자에게 물었더니 기사 방향에 대해 농민단체로부터 받는 압력이 있다고 하더라고요. 진보적인 성격이 있는 한국농정신문도 처음에는 쭈뼛쭈뼛 하더니 나중에 태도가 조금 바뀌는 것을 보고 '아직 참 갈 길이 멀구나' 하는 생각이 들었습니다. 유요열 이사장님 말씀처럼 사람이 왔는데 노동력으로만 본다는 건 분명 문제가 있는 거죠.

제도적 측면에서는, 노동과 관련해 가장 상위의 법률인 근로기준법을 살펴볼 필요가 있습니다. 근로기준법 제50조에서 정하고 있는 '1주간의 근로시간은 휴게시간을 제외하고 40시간을 초과할 수 없다' 등에 대한 적용 제외 분야가 제63조에 명시돼 있습니다. 농림, 축산, 양잠, 수산 사업 등이 그에 속해 있어요. 이 적용 제외 조항은 1953년 처음 근로기준법이 제정됐을 때부터 있었던 겁니다. 그렇다면 그런 조항이 들어갔던 취지나 사회적 배경을 살펴봐야죠. 농업이나 어업의 근로시간을 측정할 수 없다는 것이 이유였습니다. 당시는 월급받고 일하는 농업노동자가 거의 없고 절대 다수가 자작농이었던 시대였죠. 하지만 지금은 시설원예나 축산 위주로 농업노동자들이 고용되어 있고 이 분야는 근로시간을 측정하는 게 어렵지 않습니다. 이주노동자 문제에서 가장 핵심 문제는 과다 노동입니다. 거기로부터 다른 노동 관련 이슈들이 파생됩니다.

또 다른 중요한 문제가 근로계약 단계에서 발생합니다. 고용허가제로 들어오는 이주노동자는 사업주인 농업인과 근로계약을 맺는데, 그 과정에서 농업인들도 '사용자 교육'을 받게 됩니다. 원래 고용정보센터가 교육을 담당하는데, 광역지자체별로 몇 군데 정도이고 담당 인력이 부족해서 이 업무를 지역농협에 위탁하고 있어요. 이주노동자가 입국하면 지역농협에서 처음 만나 근로계약을 하는데, 계약하기 전에 이주노동자 교육과 사용자 교육이 이루어집니다. 과거에는 사용자 교육 과정에서 '어떻게 하면 이주노동자를 더 쥐어짤 수 있는지'에 관한 정보가 교환될 정도로 사용자 교육이 엉망이었습니다. 가령, '여권을 빼앗아 보관해두어라'라는 식의 조언이 유통되는 현장이었지요. 요새는 그런 일이 줄었다고 보지만, 제대로 사용자 교육을 하고 있는지는 의문입니다.

가장 심각한 것은 미등록 이주노동자의 문제입니다. 이분들은 주로 전문작업단으로 팀을 이뤄 월동채소, 대파, 김장배추 등의 주산지를 제주도부터 강원도까지 연중 내내 이동하면서 일합니다. 상용 근로자가 아니어서 고용허가제의 테두리를 벗어난 것이지요. 그래서 통계에도 잘 잡히지 않지만 사실 아주 많은 숫자입니다. 한국에서 농업노동력 구성의 중요한 부분을 차지합니다. 이분들이 없으면 김장김치 담그기 힘들다고 표현해도 될 정도입니다. 그런데 제도 밖의 영역이다 보니 권리를 전혀 보장받지 못하고 있어요. 합법화시킬 수 있는 법제가 마땅하지 않아요. 어떤 이들은 우리도 미국처럼 노동허가제를 해야 한다고 얘기합니다. 고용허가제는 어디서 일할지 정해져야 입국할 수 있지만, 노동허가제는 한국에서 일할 권리만을 부여하는 개념입니다.

즉, 상용직이 아니라 일용직으로도 일할 수 있게 되는 것이지요. 물론 그렇게 되면 법무부가 관리하기 힘들어지는 측면이 있어요. 현실적으로는 노동허가제와 고용허가제 그 중간 어디쯤에서 장치를 만들어야 하지 않나 싶습니다.

정민철 사실 저는 이주노동자를 가까이 접해본 경험이 별로 없습니다. 그런데 가끔 주말에 읍내에 나가보면 내국인보다 외국인이 더 많아 깜짝 놀랄 때가 있습니다. 최근에는 바로 앞 저수지에서 마라톤, 자전거 등 운동하는 이주노동자들을 종종 마주칩니다. 한 2년 전까지만 해도 못 보던 현상이거든요.

이주노동자들은 일반적으로 대규모 축산농장 등에서 일하는데, 또 대규모 농장은 사실 지역사회와 관계가 별로 없는 경우가 많습니다. 그러다 보니 거기에서 일하는 노동자들과 자연스레 지역사회와 접촉면이 생기지 않고 고립되는 경우가 많은 거죠.

김정섭 선임연구위원님이 좀 전에 근로시간 문제를 얘기하셨는데 그 문제는 이주노동자뿐 아니라 우리나라 청년들도 농촌에 와서 제일 많이 반발하는 부분입니다. 농사라는 것이 주 5일, 40시간을 맞춰 일하기 어려운 분야인 것은 사실이죠. 상황이 이러니 국내 청년을 쓰느니 외국인 청년을 쓰는 것이 훨씬 낫다는 말이 자연스럽게 나옵니다. 이 말에는 이주노동자가 더 편하게 부릴 수 있는 대상이라는 뜻이 내포돼 있는 거죠.

김정섭 이주노동자 관련해서 농촌 지역사회가 대응하는 모습이 아직 잘 보이지 않는 게 사실입니다. '저 하우스에 외국에서 젊은 여성 몇이 와서 일하는데 너무 고생이 많다. 잠도 비닐하우스에서 자던데 우리 마을회관에서 재우면 안 되느냐' 같은 말씀을 하시는 동네 할머니들도 가끔 계시긴 합니다. 그 할머니 말씀처럼 지역사회의 움직임을 촉진할 만한 방안이 있으면 좋을 것 같습니다.

한국 사회에서 '다문화'라는 말 자체가 차별적인 말이 되어버렸어요. 그래서 '다문화'라는 표현을 쓸 때는 섬세하게 배려해야 합니다. 이른바 인권감수성이 필요한 거죠. 제가 몸 담고 있는 연구원에서 '이주배경 청년의 농업 진입 방안 연구'라는 제목의 연구가 진행되고 있습니다. 저는 그냥 청년의 농업 진입 연구여야지 왜 콕 집어 '이주배경 청년'을 연구하냐는 문제의식을 갖고 있습니다. 제목에서부터 차별적 뉘앙스가 있습니다. 이주배경 청년은 스스로 한국인이라고 생각하는데 주변에서 '넌 좀 다르다'라고 말하는 꼴이지요.

정민철 저는 지금처럼 노동력으로서 개인이 들어오는 방식이 아닌, 한국의 로컬과 외국의 로컬이 만나는 방식이 필요하다고 생각합니다. 또, 이주노동자들 대부분이 청년이니 청년정책으로 접근하는 방식이 필요한 것 아닌가 싶습니다. 청년귀농정책의 일환일 수 있는 거죠. 한국의 지자체와 외국 지자체가 계약을 통해 일정한 인원을 모집해 노동과 문화체험을 병행하는 프로그램을 운영하면 좋겠습니다.

외국 청년 중에 한국 문화를 경험하고 싶은 사람은 무척 많으리라 생각됩니다. 몇 해를 반복적으로 한 지역에 오다 보면 지역주민들과의 접촉면이 넓어지고 그 지역에서 정착해 거주민이 될 확률도 높아지겠죠. 이런 방식을 도입해보려는 지역에 정부 사업비가 매칭된다면 더 촉진될 수 있을 것입니다. 이런 방식은 노동조건의 문제나 관리 측면에서도 유리한 점이 많을 거라 생각합니다. 한 번은 필리핀의 사회단체로부터 제안을 받은 경험이 있습니다. 자기들이 현지에서 올 사람들을 모집할테니 한국에서 같이 협력할 파트너가 있겠냐는 문의였는데 당시에는 준비가 되지 않은 상태라 제안을 받기 어려웠습니다.

계절노동자의 경우에도 일하지 않는 기간에 굳이 비행기값 들여 본국으로 돌아갈 것이 아니라 원하는 사람들은 어학당 같은 곳에서 지낼 수 있도록 할 수 있지 않을까요? 이런 식으로 접근해야 지금처럼 물과 기름인 상태로 지역사회와 관계망이 형성되지 않는 상태를 극복할 수 있지 않을까 싶습니다.

유요열 현재는 계절근로자의 경우 현지에서의 모집 단계부터 문제가 있습니다. 편하게 업무를 처리할 민간 파트너와 거래하다 보니 이주노동자들은 수수료 명목으로 큰돈을 떼이는 문제가 생기고 있습니다. 그걸 벌충하려고 아르바이트를 하면 심지어 아르바이트 수입까지 떼간다고 하더군요. 인권단체들에서 이주노동자가 국내로 들어오기 전에 권리교육을 받을 수 있도록 해야 한다고 주장하지만 실행되고 있지 않습니다.

금창영 우리가 이주노동자에 대해 지금처럼 관심을 기울이게 된 것이 사회적인 인권의식이 높아져서가 아니라, 저출산·고령화로 인한 노동력 부족이라는 문제를 이주민을 활용해 해결하려고 하는 것은 아닌지 반성하게 되는 측면이 있습니다. 우리가 이주노동자들에게 어떤 방식으로, 어떤 관심을 가져야 할지 끝으로 한 말씀씩 부탁드립니다.

김정섭 처우가 개선되지 않는다면 한국에 와서 일할 이주노동자는 점점 줄어들 수밖에 없습니다. 이건 현실적인 관점이고, 그냥 인간적으로 말하자면 '역지사지易地思之'할 수 있어야 합니다. '당신이라면 그

조건에서 일할 수 있겠는가, 당신이라면 고통스럽지 않겠는가'라고 되물어야 한다고 생각합니다.

유요열 우리 사회 전반의 인식이 이주민을 적이라고 생각하지는 않습니다. 하지만 '우리'라고 생각하지도 않습니다. 산업구조상 써먹어야 하는 존재들인 거죠. 이번 『마을』 13호에 실릴 글을 쓰면서 생각이 많이 정리되어 고맙게 생각합니다. 저도 처음에는 이주민 인권과 관련해 아무것도 모르는 사람이었습니다. 이주민을 만나며, 그들의 곤경을 목도하며 조금씩 의식의 진보가 이뤄진 거죠. 노동력이 오는 게 아니라 사람이 오는 겁니다. 그 사람의 삶이 함께 오는 겁니다. 우리 사회에 그런 관점이 필요하다고 생각합니다.

김선애 아직 갈 길이 멀긴 하지만 그렇게라도 우리 사회의 관심이 생긴 것은 희망적이라고 생각합니다. 어쨌든 학교 같은 공공기관은 정책이 세워져야 변화의 움직임이 생기는 곳이니까요. 학령기 인구가 점차 줄어들고 있는 상황에서 이주배경 아동들에게 사회적 관심이 늘어난 것은 그나마 다행이라고 생각합니다. 저출산 대책과 더불어 이주민 문제까지 포괄하는 우리나라의 교육정책 전반의 변화가 필요합니다.

금창영 네, 농촌 문제와 함께 바라보아야 할 이주민 정책들에 대해 계속적인 고민을 이어가야 할 것으로 보입니다. 오늘 모두 귀한 말씀 감사합니다.

작품소개 투안 마미의 〈베트남 이민 정원〉

이하영 우리는 함께 뿌리내릴 수 있을까?

우리는 함께
뿌리내릴 수 있을까?

이하영
독립큐레이터
시각예술가

— 예술이 이주와 이주민을 생각하는 방법

예술가들이 모이면 대화의 방향은 늘 "왜 우리가 예술을 하고 (앉아) 있는지"에 대한 논의로 흘러가기 마련이라, 지긋지긋하다 생각하면서도 한쪽 귀를 열어두고 있으면 새삼 예술의 역할과 중요성을 깨닫게 된다. 푸념과 한탄 사이에서 희망으로 반짝이는 내용을 발견할 때면 급히 휴대폰 메모장을 켜 쏟아지는 말을 재빨리 적는다. 그리고 내가 선택한 길을 후회하게 만드는 순간이 찾아올 때마다 적어둔 문장을 보며 힘을 얻는다. 최근 적은 것들은 다음과 같다. "예술이 세상을 뒤집어엎지는 못하겠지. 근데 조금은 들어올릴 수 있으니까." "귀 기울이지 않았던 것에 귀 기울이고, 보려 하지 않았던 것을 보여주니까." "차별, 소외, 외면당하는 존재들의 편에 설 수 있는 가장 안전한 방법이니까" 그리고 "문제를 해결할 수는 없을지라도, 지금 우리에게 필요한 질문을 마음껏 던질 수 있으니까."

예술이 정말 그런 것이라면, 최근 농촌이 마주한 고민을 어떻게 바라보고 풀어내야 할지 고민하는 일에도 도움이 되지 않을까. '이주'와 '이주민'에 대한 탐구를 이어가고 있는 예술가들의 작품을 통해 보이지 않는 것을 보는 방법과 필요한 질문을 던지는 기술을 배워보고자 한다.

사실 예술가들은 다양한 형태로 끊임없이 이주에 관해 이야기해왔다. 이주자로서의 정체성을 작품의 재료로 삼기도 하고 이주민들과 교류하며 협업 작품을 만들기도 했다. 〈인도 K-워크〉[1]와 같은 작품처럼 인도네시아 노동자들과 함께 한국의 일상에서 살아남기 위한 지침과 정보를 공유하는 온라인 플랫폼을 제작하기도 하고, 〈프리 플롯〉[2]과 같이 빈 사유지에 티베트 이주민들과 함께 히말라야 식물을 심어 환대의 공간을 조성하기도 한다. 네팔 출신 이주노동자가 한국의 추위를 견디기 위해 만든 안산시 원곡동 거리의 햇빛 지도를 차용한 작품 〈햇빛을 따라 걷기〉[3]처럼 이주자의 경험이 작품이 되고, 이를 통해 타자를 대하는 우리 사회의 모습을 되돌아보게 하는 작품들도 많다.

그리고 놀랍게도 어떤 예술가들은 이주민들의 삶과 정착 과정을 조명하기 위해 농사를 활용한다. 마을에서 우리가 함께 뿌리내릴 방법을 상상하기 위해 작품 하나를 자세히 살펴보고 싶다. 베트남 하노이에서 활동하는 작가 투안 마미의 〈베트남 이민 정원〉이다.

〈베트남 이민 정원〉은 2020년 시작된 시리즈 작업으로 작품이 전

---

[1] 인도 K-워크 프로젝트팀(줄리아 사리세티아티, 아리 센디, 리에메나 사프리야 푸트라, 욥피에 아디자야, 무함마드 파트츄로피), 〈인도 K-워크〉, 2016, 복합매체, 온라인 플랫폼, 그래픽 디자인, 비디오, 판촉, 가변 크기.

[2] 히토 슈타이얼, 〈프리 플롯〉, 2019, 나무상자, 식물, 퇴비, LED 조명, 사운드, 가변 크기.

[3] 김월식, 〈햇빛을 따라 걷기〉, 경기도미술관 기획전시 《그리는 곳이 집이다》, 2024.09.14.-2025.02.28.

사진 1 | 투안 마미의 〈베트남 이민 정원〉.

시되는 도시에 따라 이민자들의 상황을 반영해 다양한 형태로 변주된다. 〈베트남 이민 정원〉을 처음 본 건 2022년 카셀 '도쿠멘타'에서였다. 도쿠멘타는 5년에 한 번 독일 카셀에서 개최되는 미술 행사로, "도쿠멘타에 다녀오면 향후 5년간 예술의 흐름을 파악할 수 있다"고 이야기될 만큼 미술계에서 가장 규모가 크고 중요한 행사 중 하나다. 도시 전체가 미술관이 되어 행사 기간 동안 전시는 물론 강연과 퍼포먼스, 관객 참여 프로그램 등이 진행된다. 작품이 도시 곳곳에 흩어져 있다 보니 위치가 표기된 지도를 들고 걷거나 자전거를 타고, 트램이나 버스를 타고 찾아가야 한다. 투안 마미의 작업을 보기 위해 발걸음을 옮긴 곳에는 잘 정돈된 텃밭이 자리하고 있었다. 벽돌과 나무로 만든 틀 위로 베트남 음식에 사용되거나 약으로 쓰이는 식물들이 자라는 중이었다. 텃밭 한쪽에 위치한 작은 오두막에는 정원이 만들어지는 과정을 담은 영상과 리서치 자료, 베트남 이주민들과 함께 이주해 온 씨앗들이 전시되어 있었다.

작품이 만들어지는 과정을 살피다 보면 투안 마미의 작업이 단순히 이주민들을 위한 장소를 만드는 것에 그치지 않음을 알게 된다.

먼저 텃밭에 심은 씨앗들은 이주자들과 함께 고향을 떠난 씨앗들이다. 몰래 숨겨 들어와 파종과 채종을 반복해 현재까지 재배되는 것들이거나, 그렇게 지켜온 씨앗을 나눠 받은 것들이다. 허가받지 않은 씨앗이나 식물의 국가 간 이동이 불법이라는 점에서 씨앗의 이동은 이주자들이 처한 상황을 생각하게 한다.

작가는 이주자 커뮤니티로 들어가 이주노동자, 유학생, 난민, 이민 2세 등 다양한 처지의 베트남 이주민들과 함께 텃밭을 조성한다. 씨앗을 분류하는 일에서부터 땅을 일구고 경작하는 일까지 전 과정을 모두가 함께한다. 완성된 텃밭에 이주민들이 자연스럽게 모이고 음식

사진 2 | 투안 마미의 〈베트남 이민 정원〉.

을 만들어 나누기도 한다. 이주민의 자식들은 이곳에서 자신의 뿌리를 생각하고, 누군가는 고향에 대한 그리움을 달랜다. 서로의 고충과 새로운 땅에 적응하며 얻은 유용한 정보를 나눈다. 텃밭을 찾은 독일인들은 물론 다른 나라 이주민들과 교류가 이뤄지기도 한다.

작가는 작품을 통해 이주한 씨앗과 사람들이 새로운 곳에 좀 더 쉽게 뿌리내릴 수 있는 토양을 일군다. 그렇다면 우리 마을에서는 함께 뿌리내리는 방법으로 어떤 예술적 시도를 실천해볼 수 있을까?

얼마 전 홍동에서 농사를 짓고 있는 남동생과 저녁식사를 하며 이야기를 나눴다. 동생은 중고 물품을 거래하는 휴대폰 어플리케이션을 통해 홍성 시내에서 물건을 구입한 뒤 홍동으로 돌아오는 버스를 기다리고 있었다고 한다. 정류장에서 버스를 기다리고 있는 사람은 남동생과 이주노동자 몇 명뿐이었고, 동생이 구입한 물건을 호기심 있게 쳐다보는 시선이 느껴져 이야기를 나누게 되었다고 했다. 남동생과 이들은 마침 나이가 비슷했고, 무리 중 한 사람이 남동생에게 자기가 처음으로 대화를 나눠본 자기 또래의 한국인이라며 시간이 될 때 저녁식사 자리에 초대하고 싶다는 말을 꺼냈다고 한다. 그래서 연락처를 주고받았다는 이야기를 들려줬다.

그 말을 들은 나는 〈베트남 이민 정원〉을 떠올리며 혹시 식사 자리에 가게 되면 가장 그리운 음식은 무엇인지, 음식에 들어가는 식재료는 어떤 건지 물어봐줄 수 있겠냐고 부탁했다. 우리에게는 농사를 지을 땅도 텃밭으로 활용할 수 있는 빈터도 오래된 농가주택을 수리한 예술공간도 있으니, 뭐든 함께 뿌리내릴 수 있는 방법을 상상해볼 수 있지 않을까 하는 마음에서였다.

작은 시골 마을에서의 시도가 문제를 해결해주지도, 세상을 뒤집어엎지도 못하겠지만 질문을 던지려는 이들이 모인다면 아주 조금은 세상을 들어올릴 수 있지 않을까. 어쩌면 이 글은 앞서 소개한 예술가들의 시도를 참조해 뿌리내리는 방법을 함께 그릴 사람을 찾는 구인광고일지도 모른다.

금장영 시골은 그런 곳이 아니다

서평 책 너머 삶을 읽다

시골은
그런 곳이 아니다

금창영
충남 홍성 / 농부

『너무나 정치적인 시골살이』
— 망해가는 세계에서 더 나은 삶을 지어내기 위하여
양미 지음 | 동녘 | 2024

굳이 망해간다고까지

먼저 책 이야기부터 하자. 언젠가부터 일반적인 글자 크기의 텍스트는 읽는 데 불편함이 생겼다. 저절로 미간에 힘이 들어가니, 내용에 집중하기 어려워진다는 면에서 이 책은 좋은 선택이었다. 비록 초록색이긴 하지만 큼직한 글자와 시원한 편집이 상쾌함을 준다.

장점은 더 많이 있다. 현장에서 삶을 영위하는 당사자만이 할 수 있는 표현을 곳곳에서 발견할 수 있으며 꽤나 조리 있다. 일반적인 시골살이의 주관적이고 단편적인 경험이나 사례가 아닌, 대단히 논리적이고 다양한 근거들이 단단하게 저자의 논리를 받쳐주고 있다는 느낌도 든다. 한마디로 시골에서 현재 펼쳐지고 있는 다양한 분야의 르포르타주를 모아놓은 책으로 읽힌다.

저자의 의도는 책의 제목 『너무나 정치적인 시골살이』(양미 지음, 동녘, 2024)보다 부제에서 더 확실하게 느껴진다. '망해가는 세계에서 더 나은 삶을 지어내기 위하여.'

이 말의 핵심은 몇쪽에 불과한 어슬러의 소설을 소개하는 책의 마지막 부분에서 확인할 수 있다.[1] 소설은 누군가 오멜라스를 떠나는 것으로 끝나지만 저자는 언젠가 오멜라스로 그 아이를 데리러 가고 싶었다고 말한다. 분량과 상관없이 이 부분이 저자가 말하고자 하는 진심이라 믿는다.

극단적인 단순화의 위험을 무릅쓰고 말한다면 오멜라스는 대한민국이라는 곳(대한민국은 당연히 모두가 행복한 곳은 아니다)이고, 그 아이는 시골이라고 말할 수 있다. 농업·농촌의 희생으로 대한민국이 존재하고 있는 것이다.

난 뒤로 물러나야겠구나

최근 귀농 관련 잡지에 한 가족의 이야기가 실렸다. 그들은 터전을 마련하고, 의미 있는 농사를 짓고, 아이를 기르고, 희망을 이야기한다. 힘든 점도 있다고 하지만 내밀한 어려움은 표현하지 않아 알 수 없지만,

---

[1] 저자가 어슬러 K. 르 귄의 「오멜라스를 떠나는 사람들」(『바람의 열두 방향』, 시공사, 2014)을 통해 이야기를 시작하는 것은 중요한 의미가 있다. 오멜라스는 상상의 도시이다. 상상의 도시이니 당연히 아름답고 모두가 행복한 곳이다. 문제는 모든 구성원의 행복을 위해 10살 정도인 아이의 희생이 전제되어야 한다는 것이다. 이 아이는 어두운 지하실에서 최소한의 먹을 것으로 연명하는 짐승 같은 삶을 살아야 한다. 오멜라스의 모두는 이 사실을 알고 있다. 누군가 이 아이에게 편안한 삶을 주면 오멜라스는 사라진다. 이는 절대적 계약이다. 제목에서처럼 누군가는 오멜라스를 떠난다. 어디로? '오멜라스를 떠나는 사람들은 자신이 가고자 하는 곳을 알고 있는 듯하다.'

상상만으로도 마음이 무겁고 답답하다.

또 농사짓는 지역이 달라도 대한민국 농부가 판매하는 작물은 많이 겹칠 수밖에 없는데 얼마간의 경험으로 몇 가지 '주력' 작물을 생산하여 판매한다니, 순간 말도 안 되게 '겹치는 물건이 많은 내가 판매에 너무 열심을 내지 않아야겠다'는 생각을 했다.

그냥 미안했다. 이젠 솔직히 귀농을 꿈꾸는 이들에게 '시골에서 더불어 농사지으면서 잘 살아보자'고 이야기할 용기가 나지 않는다. 농촌에 살기 시작하면서 단 한 번도 시골이 도시처럼 병원이나 쇼핑센터, 문화시설이 들어와야 한다고 생각한 적은 없다. 그저 다양한 직업과 세대들이 어울려 살아가면 된다는 정도였다. 언론이나 연구자들이 말하는 농업과 농촌의 쇠락은 믿지 않았다. 그런 이야기는 너무 익숙해서 주목하지도 않았다.

더불어 그렇게 좋아하고, 중요한 농업과 농촌이 위험 상황이라면 '정책의 방향을 바꾸어야 한다' '많은 관심을 기울여야 한다' '좀 더 많은 예산을 투여해야 한다'고 말로만 할 것이 아니라 현장에서 더불어 대안을 찾아야 한다고 생각했다.

농민들은 기본적으로 정부의 농업정책에 신뢰가 없고, 농촌에서 신뢰는 지속적인 관계에서 온다는 것을 아직 모른다면 공부가 부족한 것이다. 그러니 그들의 말에 별 감흥이 없었다. 그렇게 20여 년이 지나니 위기는 현실이 되었다. 농업·농촌의 쇠락에는 가속도가 붙을 것이다. 가장 큰 문제는 희망의 코드를 확인할 수 없다는 것이다. 지원에 기대지 않으면 지속할 수 없는 존재는 더 이상 의미가 없다. 계속해서 무언가를 쏟아부을 것이 아니라 아름다운 퇴장을 준비하는 것이 좋겠다.

그런 시골에서 새로운 삶을 시작하고자 하는 이들을 보면 그냥 애틋하고 미안하다. 어찌 되든 살아는 갈 것이고 쉽게 사라지지는 않을 것이지만, 이 거대한 흐름의 방향을 바꾸기엔 역부족으로 보인다.

선과 악은 명확하게 구분되지 않는다

영화나 소설, 특히 동화책에서는 선과 악이 명확하게 구분된다. 가령 「백설공주」에서 공주는 절대적으로 선한 존재이다. 당연히 아름답고 마음씨도 착하다. 반대로 계모는 절대 악이다. 성격도 괴팍하고 생김새도 흉측하다. 왕이 왜 그런 사람을 부인으로 받아들였는지는 중요하지 않다. 고민의 여지는 없다. 하지만 이건 동화에서나 존재하는 구도이다. 인간이 원래 그렇게 본능적으로 선악을 구분하는 존재인지, 아니면 그렇게 훈육되는지는 잘 모르겠지만 선악이 명확하게 구분될수록 더 극적인 건 사실이다.

하지만 현실은 그렇지 않다. 농산물 유통 이야기를 해보자. 특정 농산물 가격이 급등하거나 폭락하면 너도나도 농산물 유통구조에 대해 한마디씩 한다. 만약 산지 폐기 기사가 뜨면 '소비자가 지불하는 금액은 그렇게 싸지 않다'는 댓글이 달리고, 가격이 오르면 '우리나라 농산물 유통구조는 너무 복잡하고, 유통업자들이 폭리를 취한다'는 댓글이 달린다. 이런 상황에 이르면 대통령에서부터 장관까지 나서서 유통구조를 개선하겠다는 말을 한다.

이런 상황은 너무 익숙하다. 직거래를 활성화하고, 유통구조를 단순화하고 업자들의 수익률을 제재하면 쉽게 해결될 듯한데, 왜 안 되는 것일까? 누가 보더라도 6~7단계를 거치는 구조는 문제가 있는 것 아닌가? 몇몇 유통업자들이 순박한 농민과 국민들의 먹거리를 가지고 장난치고 있는데, 왜 정부는 적극적으로 해결하지 않을까?

하지만 조금만 관심을 기울이면 몇몇 유통업자들이 절대 악이 아님을 알 수 있다. 그러한 상황을 극명하게 보여주는 사례가 있다. 언젠가 고랭지 채소를 유통하는 분들이 자살하는 사건이 있었다. 그것도 비슷한 시기에 5명이나. 고랭지 농사는 빈틈을 노리는 농사이다. 그만큼 위험하다. 당연히 그런 채소를 유통하는 것도 위험하다. 유통 역시 생산과 함께 갈 수밖에 없다.

결론적으로, 유통업자라고 해서 쉽게 큰돈을 버는 존재가 아니며, 대부분의 국민들이 간편하게 농산물을 구매할 수 있는 유통의 실핏줄 역할을 하고 있는 것이다.

그 사람 때문이 아니다

어느 조직이나 사회에서 갈등은 상수이다. 인간 삶에서 갈등은 기본값이라는 것이다. 가능하면 피하고 싶지만 그럴 수 없는 것이 갈등이다. 그런 갈등을 해결하자니 원인을 찾아야 한다. 그 원인은 의외로 쉽게 찾아진다. 바로 그 사람 때문이다. 그 사람은 문제를 개선하고자 하는 의지도 없고, 사람을 불편하게 하고, 노력하지 않으며, 욕심도 많다. 그 사람만 없으면 지금의 문제가 완벽하게 해결되고, 조직도 안정적으로 운영될 수 있을 것이라고 생각한다. 이 책의 경우에는 버스 공영제를 풀어가는 방식이다.

이 책에서 시골버스를 타고 다니는 필자는 극도의 어려움에 처해 있다. 이동권은 인간의 기본권이다. 운행 횟수도 많지 않고, 차량은 노후하여 일상적인 위험 상황이다. 다른 지자체는 저상버스 도입에 적극적인데, 우리 지자체는 그러지 못하다. 문제를 해결하는 완벽한 방법은 버스 공영제이다. 이런 제도를 실행하는 지자체도 이미 존재한다. 하지만 내가 살고 있는 지자체의 장은 이 부분에 관심이 없다.

방법은 간단하다. 이 문제를 적극적으로 해결할 지자체장을 선출하거나 지금의 지자체장이 개과천선하는 것이다. 안타까운 것은 대부분의 사람들이 개과천선하지 않고 나 하나 투표 잘한다고 내가 원하는 지자체장이 당선된다는 보장도 없다. 또한 문제가 있는 조직의 사람이 교체된다고 문제가 해결되지는 않는다. 그런 조직은 문제의 사람이 사라지면 다른 사람이 문제의 인물로 등장할 가능성이 높다.

우리는 지금 당장 무엇을 할 수 있을까

위 이야기를 조금 더 이어가보자. 문제가 드러나면 우리는 플래카드를 걸고, '○○○은 각성하라'고 쓴 피켓을 들고 1인 시위를 한다. 우리의 요구는 분명 정당하지만, 그 사람이 들어주면 좋고, 안 들어주면 할 수 없는 것이다.

너무나 익숙한 구조 아닌가? 농민단체들도 대부분 이런 방식을 쓴다. '농업이 이렇게 중요한데, 우리 정부는 관심이 없다. 관심이 없는 정도가 아니라 이렇고 저런 정책들을 만드는 것을 보면 생각이 있는지 모르겠다. 현장을 모른다. 그런데 우린 이런 것이 필요하니 이런 것을 해줘야 한다.'

그래서 이기는 싸움은 별로 해보지 못했다. 저쪽에서 안 들어주면 우리가 할 수 있는 것은 가열찬 투쟁밖에 없다. 우리의 요구가 불합리하고, 비논리적이고, 틀려서 정책결정자들이 받아들이지 않는 것은 아니다.

세상을 바꾸는 힘

정부가 농업·농촌에 관한 새로운 정책을 만들 때에는 연구용역보고서가 나온다. 특별한 경우를 제외하면 몇 번의 검색으로도 파일을 구할 수 있다. 전문 연구자들이 작성한 것이니 논리적이고 내용도 풍부하다. 당연히 분량도 꽤나 많다. 몇 편을 보다 보면 나름의 정형을 발견할 수 있다. 큰 틀에서 문제제기-현황-외국 사례-정책 제안의 형식이다. 이 외국 사례에 꼭 등장하는 나라가 일본이다. 당연히 의미 있고, 잘 운영되는 사례를 가져온다. 그러니 항상 우리나라와 비교되고, 안타까운 마음이 따라온다. 더불어 답답한 마음이 든다. 일본과 우리는 다른 나라다. 농촌 지자체의 규모나 농민의 인식도 많이 다르다.

예를 들면 우리 농촌에 워케이션 바람을 일으켰던 지역이 있다. 꽤나 유명하여 우리나라에서도 많은 이들이 방문한 지역이다. 5,000여 명이 사는 지역에 갖가지 기관이나 식당, 숙소, 학교들이 운영된다. 당연히 부럽다. 하지만 내면을 들여다보면 출발점이 다르다. 우선 일본은 이 정도 인구가 사는 지역이라면 공무원이 150명 정도 일한다. 우리로서는 상상할 수 없는 숫자이다. 또한 무엇보다 일본의 농민들은 지역이나 마을에 대한 애착이 우리와 다르다. 그리고 제도가 이런 애착을 유지하도록 뒷받침하고 있다. 우리나라의 농지위원회는 법에 명시되어 있지만 유명무실하다. 하지만 일본의 농지위원회는 막강한 권한이 있다. 청년창업농도 우리와 일본이 같이 존재하지만 운영은 많이 다르다. 기간이나 지원금의 차이뿐만 아니라 일본은 평가와 검증을 지역사회가 하지만, 우리는 그런 형식을 갖출 여건이 안 된다. 대부분의 생각은 여기에서 멈춘다. 부정적인 생각은 끊임없이 생산되고, 이는 이대로 사는 것에 정당성을 부여한다.

이런 부정적인 생각을 모두 지울 만큼 중요한 것은 관심이다. 내가 생각하기에 지금 우리나라 농업·농촌의 가장 큰 문제점은 희망을 이야기하지 않는다는 것이다. 더불어 대부분의 농민조직은 제도나 정책을 바꾸는 싸움에 집중한다. 농정의 틀을 바꾸는 것이나 종자권, 식량주권은 당연히 중요하지만 그만큼 바꾸기도 어렵다.

그런 면에서 이 책은 이동수단이 없는 비혼이며 경제적으로 넉넉지 않은 젊은 여성이 시골에서 겪으면서 느끼는 문제점을 잘 정리하고 있다. 아니 잘 정리하는 정도가 아니라 합당하고, 의미 있는 대안까지 제시하고 있다. 이런 애정과 관심에서 문제의식이 싹트는 것이다. 희망이 없으면 비판하지도 않는다. 그러니 지금 시골의 다양한 문제를 인식하는 좋은 교과서가 될 수 있다.

하지만 올바름과 정당함으로 세상이 바뀌지 않는다. 자고로 세상을 바꾸려는 이는 자기 주변부터 바꾸어야 한다. 특히 시골은 강고한 관계망으로 일이 이루어진다. 법률이나 제도, 합리성은 그다음에 적용된다. 이것이 처음 시골의 문제를 인식하는 과정에서는 단단한 벽으로 느껴지지만 반대로 내가 주변의 신뢰를 얻고, 동료로 인식될 수 있다면 서투르고, 빈틈이 있고, 비논리적인 부분이 있고, 억지가 조금 섞여 있어도 연대는 약해지지 않는다.

언젠가 관심을 두고 있는 생협에서 발행하는 계간지에 특집으로 생활협동조합에 대한 글들이 실렸다. 글에서 이야기하는 현실인식과 문제제기는 동의할 수 있지만, 대안들은 동의하기 어려웠다. '언젯적 이야기를 하고 있는가?'라는 생각이 들면서 답답했다.

그런데 생각이 거기서 멈추지 않고, 얇고 가는 끈을 따라 끊어지지 않고 이어졌다. 이 조직은 그동안 무언가를 변화시키려 끊임없이 고민하고 노력한 곳이며 더불어 글을 쓴 사람들의 면면이 자신의 사리사욕을 채우기 위한 삶을 산 이들도 아닌데, 나는 왜 이 글들을 보면서 마음이 불편한 것일까?

그래서 얻은 결론은 '함께하고 싶다'는 것이다. 같은 문제의식과 고민을 하고 있지만 존재하는 공간의 차이로 인해 우리는 연결되지 못하고 있다는 답답함이 나를 불편하게 한 것이다. 비록 대안은 다르지만 목표가 같고, 상대의 생각을 바꾸겠다는 의지가 없으니 일사분란하지는 않겠지만 무언가 할 수 있는 게 있을 거라는 생각도 들었다. 종국에 무언가를 이루지 못하더라도 사람은 남지 않겠는가라는 자기위로의 마음도 들었다.

    세상을 변화시키는 힘은 누구나를 진정으로 아끼는 마음이다. 힘의 우열이나 논리의 정합성이 아니다.

저자들

금창영 홍성군 홍동면에서 농사를 짓는다. 자연농 방식으로 100가지 이상의 작물을 심고 가꾼다. 농촌에 농민만이 아니라 다양한 직업인이 존재해야 하기에 청년과 사회적경제에 관심을 가지고 있다. 노동과 여가, 자기실현의 적절한 균형이 중요하다고 생각해서 경작 면적을 줄여서 지역주민으로서의 역할에 충실하고자 한다.

김선애 전교생이 32명인 홍성군 장곡초등학교에서 근무한다. 농촌지역에서 교사로 생활하며 이주배경 아이들이 겪는 어려움과 불안함을 조금이라도 줄이고자 학생 면담과 가정방문을 적극적으로 진행하고 있다. 아이들이 엄마의 나라로 수학여행 갈 수 있으면 좋겠다는 바람을 말한 것이 계기가 되어 필자로 참여하게 되었다.

김정섭 한국농촌경제연구원 선임연구위원, 마을학회 일소공도 운영위원. 농촌의 지속가능성을 화두삼아 연구하고 있다. 적게 먹고, 삼천 권의 책을 읽고, 산책하고, 가끔 벗이 찾아오면 시절時節을 평評하며 지내고 싶다. 몰라도 아는 체해야 하는 전문 지식 행상을 강요하는 체계와 불화不和하고 싶다. 그러나 뜻대로 되지 않는다는 걸 배우며 산다.

김하동 30대 후반 서울에서 경북 상주로 귀농하여 상주시 화동면에서 유기농 농사를 짓는 농부이다. 더불어 함께 행복한 삶을 살 수 있는 세상을 꿈꾸며 지역의 소농들이 농사를 계속할 수 있는 여건을 만들기 위해 상주로컬푸드협동조합 만드는 일에 참여했고, 고령화되어가는 농촌의 농부들이 건강한 삶을 유지하고, 자신이 살던 곳에서 돌봄을 받다가 평안한 죽음을 맞이할 수 있도록 상주의료복지사회적협동조합을 만들어가고 있다. 자신을 포함한 지역의 시민들이 맞닥뜨린 문제를 스스로, 그리고 함께 해결하는 것이 행복한 삶을 사는 유일한 방법이라고 믿는다.

김형수 서울에서 에너지 정책을 연구하는 일을 잠깐 하다 홍성으로 귀촌하였다. 귀촌 후에도 공익법률센터 농본에서 일하며, 난개발과 환경오염에 시름하는 농촌을 회복하는 방안을 궁리하고 있다. 농촌살이에 제법 잘 적응하며 적당히 잘 살고 있다.

배기현 지속가능한 식문화 교육과 커뮤니티를 만드는 '벗밭'에서 '뜨거운 감자'를 담당한다. 가장 일상적이지만 정치적이고, 돌봄을 나누는 자리인 식탁을 만들고, 그 안의 이야기를 즐겁게 전하고자 한다. '연결'과 '환대'를 키워드로 다양한 이들과 함께 더불어 건강한 삶과 환경을 만들어가는 꿈을 품고 매일 살아간다.

사회적협동조합 녹원 경희대학교 정문 앞을 우직하게 지켜오던 동명의 전통 찻집이 2016년 폐업한 후, 안타까움을 느낀 학생들이 더 많은 이야기와 가치를 담아낼 수 있는 '찻집'으로 되살리고 모두가 주인이 되어 운영하고 있다. 차 문화와 우리 식재료의 이야기를 전하며 지역사회의 공동체성 회복과 건강한 소비문화의 선순환을 도모, 이 과정을 통해 주도적으로 스스로의 삶을 이끌고 건강한 사회의 일원으로 성장해가고 있다.

옥천군 결혼이주여성협의회 2020년에 만들어진 옥천군 전역에 있는 결혼이주여성들의 연합체이다. 결혼이주여성들이 더 나은 삶을 영위할 수 있도록 조력하고 이주여성을 위한 제도개선을 추진하기 위해 설립했다. 이주여성의 행복이 개인에 국한된 것이 아니라 이주여성의 자녀와 가족, 이웃인 옥천주민들의 행복과 연결되어 있기 때문이다. 당사자로서보다 구체적인 현실을 그려내고 정책 입안에 도움이 되는 활동을 진행하고 있다.

유요열 1989년 장곡면 천태교회를 담임하면서 홍성과 연을 맺고 지역에서 농민운동, 시민운동, 진보정치운동에 참여하였다. 1998년부터는 홍성읍에서 새홍성교회를 개척하였고, 2003년부터 지금까지 이주민 지원활동을 하고 있다.

이성희 대전에서 태어나 9살부터 발레리나를 꿈꾸며 서울에서 아티스트로 활동했다. 교사였던 어머니가 은퇴 후 작은 체험농장을 운영했는데, 몸을 다치는 바람에 자식의 도리를 다하기 위해 잠시 도우러 내려갔다가 영영 서울로 돌아가지 못했다. 이후 농부라는 새로운 직업을 선택하여 2018년 금산에 귀농했다. 농사 경험이 전혀 없는 사람이 충남에서 가장 추운 곳에서 열대과일 망고를 재배하며 주위를 놀라게 했다. 다문화가족 아이들의 이모 노릇과 치매 어른들을 돌봐드리는 즐거움에 푹 빠진 씩씩한 농부이다.

이하영 독립큐레이터이자 시각예술가. 2020년부터 동료 예술가 강수지와 함께 광주와 홍동마을을 오가며 생태와 커먼즈, 기억과 공동체, 소수자와 여성들의 연대를 주제로 한 작업을 이어오고 있다. 사회에 말랑하게 개입하는 예술의 역할을 고민하며 사회·문화 이슈에 관한 리서치를 진행하고 이를 설치와 영상, 사진, 관객 참여 프로그램 등 다양한 형태로 풀어낸다. 활동가, 문학가, 음악가, 요리연구가 등 다양한 분야의 창작자들과 협업하며 제안과 설득, 대화의 과정을 작업 매체로 활용하는 일에도 관심이 있다. 최근에는 광장에서 경험하는 함께함의 감각을 일상으로 가져오기 위한 프로젝트〈광장감각〉과 도시에서 일시적으로 '농農적인 순간'을 만들고 나누는 프로젝트〈팝업농〉을 진행했으며, 이를 다양한 형태로 변주, 확장할 수 있는 방법을 고민 중이다.

정민철 경주에서 태어나 대구에서 공부했다. 풀무학교와의 인연으로 홍동면으로 이주하여, 농사와 농촌 마을 그리고 교육에 대해 배웠다. 2012년 두 청년과 장곡면에 협동조합으로 젊은협업농장을 만들어 농사를 짓기 시작했다. 아직은 농사를 배우고 싶어하는 청(소)년들과 함께 일한다. 농장이 있는 장곡면 도산리에서 다양한 사람들과 교류하며 농촌 마을의 새로운 가능성을 모색 중이다.
협동조합젊은협업농장 collabofarm@gmail.com, collabo-farm.com

정은정 농촌사회학 연구자. 부모님은 도시로 와서 마땅한 일자리를 찾지 못하고 결국 남양주시에서 토마토와 채소농사를 지었다. 농촌·농업·농민의 일이 집안일이기도 하여, 사회학 중에서도 농촌사회학을 공부했다. 『대한민국 치킨전』, 『아스팔트 위에 씨앗을 뿌리다-백남기 농민 투쟁 기록』, 치킨집 배달 노동자가 주인공인 어린이 책 『그렇게 치킨이 된다』를 썼다.

진명숙 전북대 고고문화인류학과 부교수. 전북대 부설 여성연구소장. 농촌과 도시를 아우르는 지역재생, 여성주의와 문화인류학을 접목한 젠더 연구에 관심을 갖고 있다. 전주의 여러 독서모임에서 함께 읽고 토론하는 즐거움을 만끽하는 중이다. 최근 몇 년간 '공동체'에 관심을 갖고 연구를 수행해오고 있다.
sljin0815@jbnu.ac.kr

마을 총목차

창간호 | 2017. 12. 17.
농촌에서 공부하다

열며
다시 마을의 삶을 상상한다 | 박영선
트임 | **농촌에서 공부하다**
대화와 학습, 마을을 만드는 일 | 김정섭
농과 촌, 일과 학습, 마을과 학교—
충남 홍성군 장곡면 젊은협업농장의
실험 | 정민철
학교를 넘어 마을과 함께 | 양병찬
울림
21세기의 일소공도 정신,
진리에 바탕한 사랑의 실천 |
홍순명, 이번영, 신소희, 장유리
이음 | **마을사람들의 도서관**
홍동밝맑도서관이 세워지기까지 | 이번영
안남배바우작은도서관과
주민 자치 | 황민호
비판과 저항으로서의 책읽기 | 안찬수
스밈
천 개의 기억 1 —
문화동어린이집 | 정예화, 장유리, 신소희
억울함과 공동체 | 금창영
홍동인상기 | 김건우
새로운 물결 | 신관호
홍성통, 청년을 공부하다 | 안현경
우리 지역에서 결혼하고 아이 낳으면
다른 데보다 돈 더 줄게 | 김명숙

번짐
일하는 노자—도가의 마을 구조 | 함성호
'정통 우익'의 장소적 기원,
혹은 온전히 설명되지 않은 그 용어
—김건우의 『대한민국의 설계자들』을
읽고 | 장정일
부록 | 마을학회 일소공도 소개

통권 2호 | 2018. 7. 27.
마을, 교육, 마을교육공동체

열며
마을, 교육환경에서 교육 주체로 |
김정섭, 박영선
트임 | **마을, 교육, 마을교육공동체**
마을이 학교라더니? |
김정섭, 안현경, 정민철
마을교육공동체가 아니라
마을학교공동체다 | 임경수
마을 사람들이 마을을 위하여:
초록누리협동조합이 걸어가는 길 | 박진희
이음 | **마을 사람들의 아이 키우기**
주민들이 세운 갓골어린이집 |
이번영, 장유리
사람과 마을을 변화시키는
공동육아 | 국승용
벼림
농촌의 지속가능성, 미래의 농민,
도전해야 할 과제 | 김정섭, 정민철, 황수철
스밈
천 개의 기억2: 현광학원 | 이민형, 신소희
상하중 마을의 옛 이름 | 신관호

진정 진심이 만나서야 말로 | 금창영
친환경 농업과 함께 살기 | 김경숙
꽃피는학교의 젊은협업농장 체험
보고서 | 송영미
숲에서 | 이준표
번짐
장소와 교육 | 장정일
일하는 노자2: 인(仁)의 마을에서 | 함성호
한국의 농민 연구, 미래를 그려보자:
얀 다우 판 더르 플루흐의
『농민과 농업』을 읽고 | 송원규
부록 | 마을학회 일소공도 창립선언문
함께 만드는 사람들
활동소식

통권 3호 | 2019. 1. 24.
농지, 미래의 농農을 위한 땅

열며
공동의 땅, 공동의 기억과 미래를 위해 |
박영선
트임 | 농지, 미래의 농農을 위한 땅
한국 근현대 농지제도의 변천과
농업의 미래 | 박석두
청년 창업농과 농지지원정책:
청년 창업농은 '어떻게' 농지를 확보하여
이용하고 있는가? | 이향미
지속가능한 농지 공유화와 보전 | 홍순명
정농회의 공유농지운동 | 금창영
이음 | 농업환경 보전정책과 농촌 현실
농업생태환경 프로그램의 도입과
향후 과제 | 이관률

농업환경의 보전과 지역사회의 실천:
네덜란드 지역협동조합의
기원과 특징 | 김정섭
벼림 | 농업농촌농민 연속좌담
다기능 농업과 새로운 농민 |
김정섭, 정민철, 황수철
스밈
금평리 김애마을 만주노인과 마을땅 |
최성윤, 이번영, 장유리
농부와 땅과 집 | 최문철
나의 유기인증 취소 체험기 | 조대성
숨은자원모으기 행사의 숨은 의미 |
정영환
스마트팜과 땅을 일구는 삶 | 김세빈
풀무학교와 젊은협업농장 | 정민철
번짐
인간은 책임을 회피하지 말라:
『인류세』와 『다른 세상을 위한
7가지 대안』 | 장정일
풍류와 공부 | 함성호
어의도—기억과 소멸 | 강홍구
지역창작공간의 사회적 의미:
충남 홍성군 이응노의 집 | 윤후영
마을의 삶을 소환하는
마을사진가들 | 박영선
부록 | 마을학회 일소공도 소개와
활동 기록

통권 4호 | 2019. 8. 30.
농민과 주민은 누구인가

열며

국가와 법의 호명 너머 | 박영선
트임 | 농민과 주민
농업인인가 농민인가 | 김정섭
농민 농업, 자율과 협동 |
얀 다우 판 더르 플루흐
여성농업인의 자리는 어디인가 | 김귀영
청년 농민을 키우는 지역의 실천농장 |
김기흥
누가 마을의 주인인가, 주민은 누구인가:
변화하는 농촌 사회, '마을 주민이 될
자격'을 다시 묻다 | 구자인
**포토에세이 | 한국 근현대 마을 공간
변천기 2**
사진/2번 국도 마을 풍경 | 이영섭
글/2번 국도 마을 풍경의 조건 | 이경민
스밈 | 농촌으로부터
윤재영씨 | 홍순명
Beyond 소농 | 조대성
협동조합젊은협업농장 실험보고서 2
젊은협업농장과 마을 | 정민철
일하는 노자 4
풍류에서 살기: 비보풍수와 도시재생 |
함성호
벼림 | 농업·농촌·농민 연속좌담 3
지역농업 조직화와 마을만들기 |
구자인, 김정섭, 정민철
서평 | 책 너머 삶을 읽다
촘스키가 없는 미국은 얼마나
끔찍할까 | 장정일
새로운 지역공동체를 위한
마을 속의 집 | 정기황

통권 5호 | 2020.2.20.
마을농업을 제안한다

열며
농업과 농촌의 상호지속은 어떻게
가능한가 | 박영선
트임 | 마을농업을 제안한다
왜 마을농업인가 | 구자인
전근대 농촌 사회의 두레 다시
보기 | 배영동
일본 집락영농의 현황과 시사점 | 유정규
농업환경 보전과 마을농업 | 김정섭
벼림 | 농업·농촌·농민 연속좌담 4
마을과 농업 | 구자인, 김정섭, 정민철
**포토 에세이 | 한국 근현대 마을공간
변천기 3**
불안, 불-안 | 정주하
스밈 | 농촌으로부터
귀농 20년, 기억나는 말들 | 길종각
소농의 힘은 어디서 오는가 | 금창영
「윤재영 씨」, 그 뒤 | 홍순명
협동조합젊은협업농장 실험보고서 3
협동조합과 젊은협업농장 | 정민철
일하는 노자 5
이야기가 만드는 인간과
공동체의 가치 | 함성호
서평 | 책 너머 삶을 읽다
꿈이 부담스러운 나이 | 조대성
생태를 보호하는 법과
'생태적 법질서' | 장정일

통권 6호 | 2020.9.18.
코로나 이후 사회와 농촌의 가능성
자치와 지원/보조, 그 경계의 불편함

열며
지금은 자본주의 시스템 전환을 위해
연대할 때 | 박영선

트임1 | 코로나 이후 사회와 농촌의 가능성
'더불어 삶'의 궁리, 코로나 이후 '철학'의
쓸모 | 유대칠
코로나 이후의 경제?:
아직도 끊임없이 성장해야 한다는
'GDP의 논리'가 판을 친다 | 김상철
코로나에서 희망 읽기: 정신의료 상황과
사회적 농업의 가치 | 안병은
사회적 거리 '좁히기' | 정기황
**포토 에세이 | 한국 근현대 마을공간
변천기 4**
변방의 가을 | 강홍구

**트임2 | 자치와 지원/보조,
그 경계의 불편함**
농업·농촌에 쓰이는 공공재정,
어떻게 볼 것인가 | 김정섭
보조사업 이대로 괜찮습니까?:
마을공동체의 자산화를
모색하며 | 임경수
보조사업이 농업과 농민에게 미치는
영향 | 박기윤
행정 보조금의 의미와 개선점 | 구자인
마을 자립 과정에 대한 보고서:
협동조합젊은협업농장 주변에 투입된
보조금에 관하여 | 정민철

벼림 | 농업·농촌·농민 연속좌담 5
농촌 마을에 보조금이 들어오면 | 강마야,
구자인, 김정섭, 정민철
서평 | 책 너머 삶을 읽다
정착이라는 신화: 『농경의 배신』 | 장정일
삶의 자세로서 '리터러시': 『유튜브는
책을 집어삼킬 것인가』 | 김건우

통권 7호 | 2021.3.19.
21세기 농촌 마을 문화의 재구성

열며
공통적인 것과 문화하는 삶 | 박영선

트임 | 21세기 농촌 마을 문화의 재구성
마지막 혁명 | 함성호
21세기 농촌에서 전통과 민속,
향토와 장소는 무엇인가 | 안승택
농촌의 다원적 정체성과 바람직한
농촌다움 | 진명숙
농촌을 위한 과학, 농촌에 의한 과학 |
유상균
모두를 위한 농사, 탄소를 줄일
적정기술 함께 찾기 | 정영환
리눅스 운영체제로 가꾼
소리텃밭 | 권병준
나날의 살림살이 되짚으며 스스로
성찰하게 도와줄 새로운 미술의
모습을 찾아서 | 김학량
**포토에세이 | 한국 근현대 마을 공간
변천기 5**
세기말 풍경, 강경江景
1998~2000 | 유현민

스밈 | 농촌으로부터
언택트 공연, 아마추어 기획자에게
1000만 원이 주어진다면 | 조대성
협동조합젊은협업농장 실험보고서 4 |
협업농장과 학습 | 정민철
벼림 | 농업·농촌·농민 연속좌담 6
기후위기와 농사 |
강마야, 금창영, 김정섭, 정민철
연재 | 마을살이를 위한 개념어사전 1 |
커먼즈, 코뮌, 커뮤니티
콤무니스communis의 존재들 | 유대칠
서평 | 책 너머 삶을 읽다
세계사의 또 다른 쪽 | 장정일
제임스 C. 스콧의 『우리는 모두 아나키스트다』
농민, 잃어버린 20년과 앞으로의
20년 | 정기황
리차드 세넷의 『장인―현대문명이 잃어버린
생각하는 손』

통권 8호 | 2021.10.20.
마을을 살리는 먹거리 운동

열며
다시 던지는 질문 | 박영선
트임 | 마을을 살리는 먹거리 운동
마을의 먹거리 순환과
지역자급론 | 구자인
먹거리 운동의 작은 역사 | 송원규
다시 농민조직을 생각한다 | 정영환
마을의 먹거리 정의는 가능한가 | 박진희
언니네텃밭 꾸러미 사업의 경험과
시사점 | 구점숙

소비자가 바라본 대안 먹거리 운동 |
정은정
농식품 폐기물을 어떻게 줄일 것인가 |
홍연아
포토에세이 | 한국 근현대 마을 공간
변천기 6
시골장터 이야기 | 정영신
벼림 | 농민·농업·농촌 연속좌담 7
마을을 위한 먹거리 순환 관계망 |
김경숙·김정섭·이보은·정상진·정천섭 외
스밈 | 농촌으로부터
전통시장, 로컬푸드, 텃밭장터 | 복권승
변두리의 성찰과 모험의 윤리 | 정민철
지상전시
과객―부모님의 연필 | 김학량
특별기고
덕의 회복과 공정사회 이론 | 함성호
연재 | 마을살이를 위한 개념어사전 2 |
거버넌스
힘겨움의 주체들과 더불어 | 유대칠
서평 | 책 너머 삶을 읽다
비웃음을 당한 철학자들 | 장정일
슬라보예 지젝의 『잃어버린 시간을 위한 연대기―
팬데믹을 철학적으로 사유해야 하는 이유』
조르조 아감벤의 『얼굴 없는 인간―팬데믹에 대한
인문학적 사유』

통권 9호 | 2022. 3. 5.
마을, 돌봄, 직접민주주의

열며
오래된-새로운 삶의 문턱 | 박영선

트임 1 | 마을과 돌봄
마을복지—서로돌봄의 이상과
현실 | 김영란
지역사회와 노인돌봄 | 권혁범
삶의 마지막 거소를 짓다 | 안병은
왜 사회적 농업을 실천하자고
하는가 | 김정섭
스밈 | 농촌으로부터
죽곡면 마을자치공동체 이야기 | 박진숙
농민이 바라보는 기후위기 | 금창영
청년에게 농촌은 무엇인가 | 김이선
벼림 | 농민·농업·농촌 연속좌담 8
마을과 돌봄 |
구자인, 정민철, 김정섭, 신소희
지상전시 2
실재하는 두꺼비가 사는 상상의 정원
—『우화집: 달-두꺼비의 정원들』| 임고은,
귀네비어 고은 임 체이스, 김단비, 이한범
트임 2 | 직접민주주의와 마을자치
직접민주주의 강화를 위한 농촌 면 자치
—한국 지방자치사의 맥락에서 | 황종규
마을과 면읍, 직접민주주의와 선거 |
하승수
독립운동 지도자들, 면 자치에
참여하다 | 이번영
농촌 마을에서 민주주의를 생각한다—
행정리 이장의 경험과 성찰 | 박종관
연재 | 마을살이를 위한 개념어사전 3
회복력
제모습으로 제자리에 돌아가려는 힘 |
유대칠
서평 | 책 너머 삶을 읽다
돌봄을 '보이게' 하기 | 장정일
에바 페더 커테이, 『돌봄: 사랑의 노동』(박영사, 2016)

조안 C. 트론토, 『돌봄 민주주의』(박영사, 2021)
이대남을 위한 변명 | 오준호
아즈마 히로키, 『관광객의 철학』(리시올, 2020)

통권 10호 | 2022. 11. 30.
농촌의 지속가능성과 사회적 경제

열며
농촌을 살리려는 자생적 실천들
트임 | 농촌의 지속가능성과 사회적 경제
농촌에 펼쳐진 사회적 경제 실천의
지형과 전망 | 김정섭
농촌에서 사회적 경제가 '뿌리내리기'
위해 풀어야 할 과제 | 황영모
인구 과소화 농촌 주민의 '구매난민'
탈출기
—영광군 묘량면의 동락점빵 사회적
협동조합 | 권혁범
연대와 협업을 통한 사회적 경제 생태계
구축
—완주사회적경제네트워크의
경험 | 이효진
학교는 협동조합의 '신실'이었다
—풀무학교학생협동조합의 역할과 의미 |
이번영
스밈 | 농촌으로부터
기후위기와 농민, 그리고 대안 | 금창영
지상전시 3
신안 바다—뻘, 모래, 바람 | 강홍구
벼림 | 농민·농업·농촌 연속좌담 9
농촌에서 사회적 경제가 뿌리를
내리려면 | 구자인, 김정섭, 신소희,

안병은, 정민철, 황영모
일하는 노자 6
동아시아에서 하늘天의 개념은
어떻게 변화해왔는가 | 함성호
마을살이를 위한 개념어사전 4 | 탈성장
홀로 삶이 아닌 더불어 삶 | 유대칠
지상전시 4
유령극장, 심각한 밤을 보내리—
홍동저수지 | 권병준
서평 | 책 너머 삶을 읽다
다시, 무엇을 할 것인가? | 장정일
브뤼노 라투르·니콜라이 슐츠,
『녹색 계급의 출현』(이음, 2022)
나는 내게 가장 위험한 타인이다 | 강정
토니 모리슨, 『타인의 기원』(바다출판사, 2002)

농민·농촌 활동가,
어떻게 키울 수 있을까 | 정민철
지역사회조직들의 관계 안에서 활동가의
운신이란 —메우고 연결하기 | 이효진
스밈 | 농촌으로부터
마을만들기 활동가의 성장기 | 심수진
행정과 농민 사이에서,
활동가의 고민 | 김대헌
귀농귀촌에서 농촌 활동가로 | 박진희
벼림 | 농민·농업·농촌 연속좌담 10
농촌 활동가, 어떻게 양성할 것인가 |
구자인, 권혁범, 김정섭, 정민철
서평 | 책 너머 삶을 읽다
우리는 하나가 되어야 한다 | 금창영
브뤼노 라투르·니콜라이 슐츠,
『녹색 계급의 출현』(이음, 2022)

통권 11호 | 2024.7.15.
농촌 활동가의
정체성, 역할, 학습, 양성

열며
농촌 지역사회의 변화는 어디에서
오는가 | 금창영
트임 | 농촌 활동가의
정체성, 역할, 학습, 양성
농촌 지역사회의 변화를 위해 '매체적
활동'을 촉진하는 농촌 활동가 | 김정섭
농촌 중간지원조직 활동가의 필요성과
육성 체계—개인적인 실천 경험에서 나온
평가와 제안 | 구자인
농촌 현실에 기반한 지역사회복지
활동가들의 소명과 육성 전략 | 권혁범

통권 12호 | 2024.8.5.
농촌 읍면의
비영리 네트워크 법인

열며
내가 있는 곳에서부터 자치는
시작된다 | 금창영
트임 | 읍면 비영리 네트워크
법인(앵커조직)
농촌 읍면 비영리 네트워크 법인의
설립과 운영, 그리고 발전 방향 | 구자인
내발성과 주민자치,
그리고 읍면 앵커anchor조직 | 황종규
스밈 | 농촌으로부터
사단법인 여민동락공동체,

전남 영광군 묘량면 | 권혁범

사회적협동조합 송악동네사람들,
충남 아산시 송악면 | 홍승미

사회적협동조합 나리포,
전북 군산시 나포면 | 마승철

함께마을교육 사회적협동조합,
전남 곡성군 죽곡면 | 박진숙

사단법인 한생명,
전북 남원시 산내면 | 윤용병

춘천별빛 사회적협동조합,
강원도 춘천시 사북면 | 최대영

읍면 법인 설립 지원 사례,
충남 당진시 농촌신활력플러스사업 |
김경숙

벼림 | 농민·농업·농촌 연속좌담 11
읍면 주민의 필요를 대변하는
비영리 네트워크 법 | 구자인, 금창영,
김정섭, 정민철, 황종규

서평 | 책 너머 삶을 읽다
a.k.a. 홍성통을 위한 규칙 | 안현경
사울 D. 알린스키,
『급진주의자를 위한 규칙』(아르케, 2016)

마흔

12

농촌 읍면이 비어간 자리

마을학회 일소공도

마을의 삶은
모두가
연결되어 있다는
진실에
공감하면서부터
시작됩니다

마을학회 일소공도
강학회 講學會

1박2일 12시간 연속 강연!
바쁜 삶을 되돌아보는 휴식과
좋은 삶을 찾는 공부가
깊고 행복하게 농촌에서 만납니다

강학講學은 조선시대 서원에서 스승과 유생이 함께 경서를 강독하고 뜻을 풀이하며 문답하는 학습 방식입니다. 강학 활동 중에서도 강회講會, symposium는 유능한 스승을 모셔 특정 주제나 교재를 중심으로 여러 사람이 모여 며칠밤낮으로 집중적인 논의와 토론을 하는 집단학습을 말합니다. 서원과 마을이 함께 배움의 장을 열고, 스승과 제자가 서로 도와 앎을 이루어가며, 그 공부를 생활세계인 마을의 결속으로 연결하는 강회의 정신은 마을학회 일소공도의 뜻과 맞닿아 있습니다.

마을학회 일소공도 강학회

언젠가부터 공부는 대처로 나가서 해야 하고, 농촌은 못 배운 사람들이 힘겹게 일만 하는 곳으로 여겨져 왔습니다. 이런 통념을 뒤집는 발상의 전환이 필요합니다.

　농촌이야말로 자연과의 교감 속에서 바쁜 삶을 되돌아보는 휴식의 시간과 공부의 시간이 행복하게 만나는, 생성적 공간일 수 있습니다. 한겨울과 한여름은 농촌에서나 도시에서나 비교적 여유로운 때입니다. 이런 때에 도시와 농촌 사람들이 경계 없이 모여, 한 분야에서 일가를 이룬 사람의 공부와 삶을 깊고 밀도 있게 만나고 대화할 수 있다면 어떨까요? 소비하는 휴가가 아니라 공부와 친교를 통해 삶을 성찰하고 변화하는 휴가를 농촌에서 보내는 것은 어떨까요? 농촌을 공동학습과 성장의 공간으로 재발견하고, 길고 여유로운 호흡 속에서 공부와 휴식의 시간을 누릴 수 있도록, 마을학회 일소공도는 한 분의 강사가 1박2일 12시간 강연하는 강학회를 여름과 겨울 휴가철에 엽니다.

제13회 **먹고 기록하고 연합하라** | 2024.8.9~10.
정은정 | 농촌사회학자

제12회 **얼치기 기록가의 시각으로 보는 농촌마을에 대한 민속적-역사적 이해** | 2024.2.2~3.
복권승 | 터무니연구소 대표

제11회 **경제사의 빅 히스토리** | 2023.8.4~5.
홍기빈 | 정치경제학자

제10회 아둔한 사람의 어줍짢은 경험 나누기 | 2023.2.17~18.
유정규 | 의성군이웃사촌지원센터 센터장

제9회 서바이벌 그리고 파상력破像力 | 2022.8.12~13.
김홍중 | 사회학자

제8회 기술 자본주의와 우리의 삶 | 2022.2.18~19.
박승일 | 서강대 미디어융합연구소 선임연구원

제7회 농촌에 농민만 살았던 적도 없었고 농민이 농사만 지었던 적도 없었다 | 2020.7.25.
임경수 | 협동조합 이장 대표

제6회 유라시아 견문부터 개벽파 선언까지 | 2020.2.21~22.
이병한 | EARTH+ 대표, 원강대학교 동북아인문사회연구소 교수

제5회 농촌마을정책, 우리 스스로 만드는 정책 설계 | 2019.7.19~20.
구자인 | 충남마을만들기지원센터장

제4회 문명사: 우리는 누구인가? | 2019.1.25~26.
함성호 | 건축가, 시인, 건축실험집단EON 대표
　　　＊소리도움 | 권병준 | 다매체 예술가

제3회 한국농업사: 땅과 농민의 삶 | 2018.7.27~28.
박석두 | 한국농업사학회 회장, 전 한국농촌경제연구원 선임연구위원

제2회 현대한국지성사:『대한민국의 설계자들』을 중심으로 | 2018.1.19~20.
김건우 | 대전대 국어국문창작학과 교수

제1회 농민의 자율성, 체계의 변화 | 2017.7.28~29.
김정섭 | 한국농촌경제연구원 연구위원

농촌 마을 지도자들이 읽을 만한 학습용 잡지로 1년에 네 번 『마을독본』을 발간하고 있습니다. 『마을독본』은 단순히 활동 소식을 전하는 뉴스레터나 신문이 아니라, 들고 다니며 읽을 수 있고 책꽂이에도 보관할 수 있는 실용적인 잡지 형식을 취하고 있습니다. 잡지 명칭은 윤봉길 의사(1908~1932)의 『농민독본』에서 따왔습니다. 이 잡지가 농촌 마을을 지키고 이끌어가야 할 마을 지도자들이 마을만들기를 학습하는 데 밝은 길잡이가 되었으면 좋겠습니다.

함께 모여 공부하는 마을

창간준비 1호	마을의 주민조직
창간준비 2호	마을의 공동재산 관리
제1호 창간호	마을자치규약
제2호	마을 회의와 기록관리
제3호	마을공동체 농업: 초고령화 시대의 농업
제4호	마을공동체 복지: 요람에서 무덤까지, 농촌복지의 길
제5호	마을교육공동체: 학교와 마을은 어떻게 만날까?
제6호	마을의 후계자: 누가 마을을 이어갈 것인가?
제7호	읍면과 행정리: 주민자치회 전환과 직접민주주의
제8호	농촌마을교통: 우리에게도 이동할 권리가 있다
제9호	마을회관: 농촌공동체 복지의 중심공간
제10호	마을 경관: 자연과 더불어 살아가는 주민들의 약속
제11호	농촌 마을건축: 마을공동체의 삶을 담는 그릇
제12호	마을계획: 5년 앞을 내다보는 실천
제13호	마을만들기협의회: 마을과 마을의 연대와 협력
제14호	마을 네트워크 법인: 농촌마을정책의 주인공
제15호	마을만들기 행정, 공무원도 마을활동가
제16호	마을만들기 중간지원조직, 농촌 마을의 친구
제17호	마을만들기 행정보조사업, '독'인가? '약'인가?
제18호	마을 사업의 새로운 관점과 방법론을 제안하다
제19호	마을 공동시설의 사후관리, 어떻게 할 것인가?
제20호	충남의 마을사업을 점검하다

발행처 | 충청남도·충남경제진흥원·충남농촌활성화센터
값 5,000원 | 구입문의 시골문화사 010-3261-2078

평민마을학교

평민마을학교가 생각하는 학습은 앎×학습×만듦 기×놀이를 통해 21세기 농촌 마을이 앎과 삶, 생활 문화를 생성해가는 과정입니다. 젊은이들이 농촌 마을에서 새로운 삶의 방식을 모색하는 데 필요한, 다양하면서도 서로 연결된 통합적 내용들로 학습이 이루어집니다.

농사, 학습, 놀이를 더불어하며
삶과 앎이 만나는
21세기 농촌의 새로운 마을학습생태계

평민마을학교

평민마을학교는 농촌으로 들어오는 젊은이들에게 농사일과 농촌 마을살이, 자기 성장에 필요한 학습 기회를 제공합니다. 마을로 들어온 청년들이, 마을 사람들과 함께 평생에 걸쳐 학습과 성장을 이어갈 열린 학습생태계를 온 마을로 펼칩니다.

- 마을 자체가 학교가 됩니다.
- 농사가 농촌 생활의 시작입니다.
- 21세기의 농사와 농촌살이에 필요한 모든 일과 주제가 학습 내용이 됩니다.
- 서로 가르치며 서로 배우고, 어울려 놀면서 더불어 성장합니다.
- 입학은 있지만 졸업은 없습니다.

함께하는 단체

사단법인 홍동밝맑도서관
마을학회 일소공도
마을연구소 일소공도 협동조합
오누이친환경마을협동조합
풀무교육연구소

학교법인 풀무학원
협동조합젊은협업농장
협동조합행복농장
풀무배움농장

평민강좌

월 文 읽고 쓰다 　　　　목 農 유기농업
화 史 근현대사 읽기 모임 　　금 人 건축과 여행, 세계 시민
수 哲 《생명수》 읽기 모임 　　토 體 바이시끌(월 1회)

마을학회 일소공도의 월례세미나·강학회·일소공도대회
마을단체들의 세미나

문의

마을로 들어오기
평민마을학교는 단순한 교육 프로그램이 아니라, 농촌 마을에서 살아가며 농민의 일상을 생생하게 경험하는 마을학습생태계입니다.

사무국　충남 홍성군 홍동면 광금남로 658-8 창작소(평민마을학교 공유공간)
홈페이지　commulearn.org
메일　commulearn.org@gmail.com

마을 13	2025년 ǀ 통권 13호
펴낸날	2025년 2월 5일

마을학회 일소공도

편집위원장	금창영
편집위원	강마야 권봉관 김선아 김영규 노승복 복권승 진명숙
편집간사	강윤정

편집	금창영
교열교정	장현숙
디자인	김나영
제호 손글씨	고은이
광고사진	김세빈

펴낸곳	시골문화사
등록일	1981년 11월 2일
등록번호	제460-4600000251001981000001호
펴낸이	금창영

주소	충남 홍성군 광금남로 658-8
전화	010-3261-2078
이메일	maeulogy@naver.com
홈페이지	https://maeulogy.kr

인쇄제본	경북프린팅
제작판매	시골문화사
온라인서점 영업대행 및 반품	한국출판협동조합 02-716-5616~9

정가	15,000원 파본은 교환해드립니다.

이 책에 실린 글과 도판은 무단 전재하거나 복제해서 사용할 수 없습니다.

ISBN 979-11-991188-0-5

이 도서의 국립중앙도서관 출판예정도서목록(CIP)은 서지정보유통지원시스템 홈페이지(http://seoji.nl.go.kr)와
국가자료종합목록 구축시스템(http://kolis-net.nl.go.kr)에서 이용하실 수 있습니다. (CIP제어번호 : CIP2019032744)